LES ŒUVRES DE MONSIEUR DE MOLIERE.

TOME III.

A PARIS,
Chez CLAUDE BARBIN, au Palais,
ſur le ſecond Perron de la S. Chapelle.

M. DC. LXXIII.
AVEC PRIVILEGE DU ROY.

PIECES CONTENVES en ce Troisiéme Tome.

L'AMOVR MEDECIN.

COMEDIE.

Par I. B. P. MOLIERE.

A PARIS,
Chez Pierre Trabouillet, au Palais,
à l'entrée de la Galerie des Prisonniers,
à la Fortune.

M. DC. LXIX.
AVEC PRIVILEGE DV ROY.

AV LECTEVR.

CE n'eſt icy qu'vn ſimple Crayon, vn petit Impromptu dont le Roy a voulu ſe faire vn Diuertiſſement. Il eſt le plus précipité de tous ceux que Sa Majeſté m'ait commandez; & lors que ie diray qu'il a eſté propoſé, fait, appris, & repreſenté en cinq jours, ie ne diray que ce qui eſt vray. Il n'eſt pas neceſſaire de vous auertir qu'il y a beaucoup de choſes qui dépendent de l'action: On ſçait bien que les Comedies ne ſont faites que pour eſtre joüées; & ie ne conſeille de lire celle-cy qu'aux Perſonnes qui ont des yeux pour découurir dans la lecture tout le Ieu du Theatre. Ce que ie vous diray, c'eſt qu'il ſeroit à souhaiter que ces sortes d'Ouurages pûssent toûjours se montrer à vous auec les ornemens qui les accompagnent chez le Roy : Vous les verriez dans vn estat beaucoup plus supportable ; & les Airs, & les Symphonies de l'incomparable Monsieur Lully, meslez à la beauté des Voix, & à l'adresse des Dançeurs, leur donnent sans doute des graces, dont ils ont toutes les peines du monde à se passer.

Extrait du Priuilege du Roy.

PAr Grace & Priuilege du Roy, Donné à Paris le 30. de Decembre 1665. Signé, DE SEIGNEROLLE, & scellé du grand Sceau de cire jaune : Il est permis à Iean Baptiste Pocquelin de Moliere, Comedien de la Trouppe de nostre tres-cher & tres-amé Frere Vnique le Duc d'Orleans, de faire imprimer, vendre & debiter, pendant le temps & espace de cinq ans, par tel Libraire, ou Imprimeur que bon luy semblera, vne Piece de Theatre qu'il a composée, intitulée l'AMOVR MEDECIN, auec defenses à toutes Personnes de réimprimer, ou contrefaire, vendre, ou distribuer ladite Piece, ou partie d'icelle, sans sa permission, à peine de confiscation des Exemplaires, & de l'amende portée dans l'Original.

Registré sur le Liure de la Communauté des Imprimeurs & Marchands Libraires de Paris, le 4. Ianvier 1666. Signé, PIGET, Syndic.

Ledit Sieur Moliere a cedé, quitté & transporté son droict de Priuilege à Pierre Trabotiillet, & Theodore Girard, Marchands Libraires à Paris, pour en joüir ainsi qu'il est porté par lesdites Lettres de Priuilege, suiuant l'accord fait entr'eux.

Acheué d'imprimer pour la seconde fois, le 20. Nouembre 1668.

LES PERSONNAGES.

SGANARELLE, Pere de Lucinde.
AMINTE.
LVCRECE.
M. GVILLAVME, Vendeur de Tapisseries.
M. IOSSE, Orfevre.
LVCINDE, Fille de Sganarelle.
LYSETTE, Suiuante de Lucinde.
M. TOMES, } Medecins.
M. DES FONANDRES, } Medecins.
M. MACROTON, } Medecins.
M. BAHYS, } Medecins.
M. FILERIN, } Medecins.
CLITANDRE, Amant de Lucinde.
VN NOTAIRE.

L'OPERATEVR, Oruietan.
Plusieurs Triuelins & Scaramouches.
LA COMEDIE.
LA MVSIQVE.
LE BALLET.

La Scene est à Paris, dans vne salle de la Maison de Sganarelle.

PROLOGVE.

LA COMEDIE, LA MVSIQVE, ET LE BALLET.

LA COMEDIE.

Vittons, quittons nostre vaine querelle,
Ne nous disputons point nos talens tour à tour,
Et d'vne gloire plus belle,
Piquons-nous en ce jour:
Vnissons-nous tous trois d'vne ardeur sans seconde,
Pour donner du plaisir au plus grand Roy du Monde.

TOUS TROIS.

Vnissons-nous....

LA COMEDIE.

De ſes trauaux plus grands qu'on ne peut
croire,
Il ſe vient quelquefois délaſſer parmy
nous.
Eſt-il de plus grande gloire?
Eſt-il bonheur plus doux?
Vniſſons-nous tous trois....

TOUS TROIS.

Vniſſons-nous.....

L'AMOVR

L'AMOVR MEDECIN.

ACTE I.

SCENE I.

SGANARELLE, AMINTE, LVCRECE M. GVILLAVME, M. IOSSE.

SGANARELLE.

AH! l'étrange chose que la vie! & que ie puis bien dire auec ce grand Philosophe de l'Antiquité, que *qui terre a, guerre a*, & qu'vn malheur ne vient iamais sans l'autre!

Ie n'auois qu'vne ſeule Femme qui eſt morte.

M. GVILLAVME.

Et combien donc en voulez-vous auoir ?

SGANARELLE.

Elle eſt morte, Monſieur mon amy ; cette perte m'eſt tres-ſenſible, & ie ne puis m'en reſſouuenir ſans pleurer. Ie n'eſtois pas fort ſatisfait de ſa conduite, & nous auions le plus ſouuent diſpute enſemble; mais enfin, la mort r'ajuſte toutes choſes. Elle eſt morte ; ie la pleure. Si elle eſtoit en vie, nous nous querellerions. De tous les Enfans que le Ciel m'auoit donnez, il ne m'a laiſſé qu'vne Fille, & cette Fille eſt toute ma peine : Car enfin, ie la voy dans vne mélancolie la plus ſombre du monde, dans vne triſteſſe épouuantable, dont il n'y a pas moyen de la retirer, & dont ie ne ſçaurois meſme apprendre la cauſe. Pour moy, i'en perds l'eſprit, & i'aurois besoin d'vn bon conseil sur cette matiere. Vous estes ma Niece; vous, ma Voisine; & vous, mes Comperes & mes Amis; ie vous prie de me conseiller tous ce que ie dois faire.

M. IOSSE.

Pour moy, ie tions que la brauerie & l'ajustement, est la chose qui réjoüit le plus les Filles; & si i'estois que de vous, ie luy acheterois dés aujourd'huy vne belle Garnitur ede Diamans, ou de Rubis, ou d'Emeraudes.

M. GVILLAVME.

Et moy, si i'estois en vostre place, i'acheterois vne belle Tenture de Tapisserie de verdure, ou à personnages, que ie ferois mettre à sa Chambre, pour luy réjoüir l'esprit & la veuë.

AMINTE.

Pour moy, ie ne ferois point tant de façon, & ie la marirois fort bien, & le plutost que ie pourrois, auec cette Perſonne qui vous la fit, dit-on, demander, il y a quelque temps.

LVCRECE.

Et moy, ie tiens que voſtre Fille n'eſt point du tout propre pour le Mariage: Elle eſt d'vne complexion trop délicate & trop peu ſaine ; & c'eſt la vouloir enuoyer bientoſt en l'autre Monde, que de l'expoſer comme elle eſt, à faire des Enfans. Le Monde n'eſt point du tout ſon fait, & ie vous conſeille de la mettre dans vn Conuent, où elle trouuera des diuertiſſemens qui ſeront mieux de ſon humeur.

SGANARELLE.

Tous ces conſeils ſont admirables aſſurément ; mais ie les trouue vn peu intereſſez, & trouue que vous me conſeillez fort bien pour vous. Vous eſtes Orfevre, Monſieur Ioſſe, & voſtre conſeil ſent ſon Homme qui a enuie de ſe défaire de ſa marchandiſe. Vous vendez des Tapiſſeries, Monſieur Guillaume, & vous auez la mine d'auoir quelque Tenture qui vous incommode. Celuy que vous aimez, ma Voiſine, a, dit-on, quelque inclination pour ma Fille, & vous ne ſeriez pas fâchée de la voir la Femme d'vn autre. Et quant à vous, ma chere Niece, ce n'eſt pas mon deſſein, comme on ſçait, de marier ma Fille auec qui que ce ſoit, & i'ay mes raiſons pour cela: Mais le conſeil que vous me donnez de la faire Religieuſe, eſt d'vne Femme qui pourroit bien ſouhaiter charitablement d'eſtre mon heritiere vniuerſelle. Ainſi, Meſſieurs & Meſdames, quoy que tous vos conſeils ſoient les meilleurs du monde, vous trouuerez bon, s'il vous plaiſt, que ie n'en ſuiue aucun. Voila de mes donneurs de conſeils à la mode.

SCENE II.

LVCINDE, SGANARELLE.

SGANARELLE.

AH! voila ma Fille qui prend l'air. Elle ne me voit pas. Elle ſoûpire. Elle leue les yeux au Ciel. Dieu vous gard. Bonjour, ma Mie. Hé bien, qu'eſt-ce! comme vous en va? Hé quoy! toûjours triſte & melancolique comme cela, & tu ne veux pas me dire ce que tu as? Allons donc, découure-moy ton petit cœur: Là, ma pauure Mie, dy, dy; dy tes petites penſées à ton petit Papa mignon. Courage. Veux-tu que ie te baiſe? vien. I'enrage de la voir de cette humeur-là. Mais, dy-moy, me veux-tu faire mourir de déplaiſir, & ne puis-je ſçauoir d'où vient cette grande langueur? Découure-m'en la cauſe, & ie te promets que ie feray toutes choſes pour toy. Oüy, tu n'as qu'à me dire le ſujet de ta triſteſſe ; ie t'aſſure icy, & te fais ſerment, qu'il n'y a rien que ie ne faſſe pour te ſatisfaire. C'eſt tout dire. Eſt-ce que tu es jalouſe de quelqu'vne de tes Compagnes, que tu voyes plus braue que toy ? & feroit il quelque étoffe nouuelle dont tu vouluſſes auoir vn habit ? Non. Eſt-ce que ta Chambre ne te ſemble pas aſſez parée, & que tu ſouhaiterois quelque Cabinet de la Foire S. Laurent ? Ce n'eſt pas cela. Aurois-tu enuie d'apprendre quelque choſe ? Et veux-tu que ie te donne vn Maiſtre pour te montrer à joüer du Claueſſin ? Nenny. Aimerois-tu quelqu'vn, & ſouhaiterois-tu d'eſtre mariée ?

Lucinde luy fait ſigne que c'eſt cela.

SCENE III.

LYSETTE, SGANARELLE, LVCINDE.

LYSETTE.

HE' bien, Monsieur, vous venez d'entretenir vostre Fille. Auez-vous sceu la cause de sa mélancolie?

SGANARELLE.

Non, c'est vne Coquine qui me fait enrager.

LYSETTE.

Monsieur, laissez-moy faire, ie m'en vais la sonder vn peu.

SGANARELLE.

Il n'est pas necessaire; & puis qu'elle veut estre de cette humeur, ie suis d'auis qu'on l'y laisse.

LYSETTE.

Laissez-moy faire, vous dis-je, peut-estre qu'elle se découurira plus librement à moy qu'à vous. Quoy,

Madame, vous ne nous direz point ce que vous auez, & vous voulez affliger ainſi tout le monde? Il me ſemble qu'on n'agiſt point comme vous faites; & que ſi vous auez quelque repugnance à vous expliquer à vn Pere, vous n'en deuez auoir aucune à me découurir voſtre cœur. Dites-moy, ſouhaitez vous quelque choſe de luy? Il nous a dit plus d'vne fois qu'il n'épargneroit rien pour vous contenter. Eſt-ce qu'il ne vous donne pas toute la liberté que vous ſouhaiteriez? & les Promenades & les Cadeaux ne tenteroient-ils point voſtre ame? Heu. Auez-vous receu quelque déplaiſir de quelqu'vn? Heu. N'auriez-vous point quelque ſecrete inclination, auec qui vous ſouhaiteriez que voſtre Pere vous mariaſt? Ah! ie vous entens. Voila l'affaire. Que Diable, pourquoy tant de façons? Monſieur, le myſtere eſt découuert; Et....

SGANARELLE *l'interompant.*

Va, Fille ingrate, ie ne te veux plus parler, & ie te laiſſe dans ton obſtination.

LVCINDE.

Mon Pere, puis que vous voulez que ie vous diſe la choſe....

SGANARELLE.

Oüy, ie pers toute l'amitié que i'auois pour toy.

LYSETTE.

Monſieur, ſa triſteſſe....

SGANARELLE.

C'eſt vne Coquine qui me veut faire mourir.

LVCINDE.

Mon Pere, ie veux bien.....

SGANARELLE.

Ce n'eſt pas la récompenſe de t'auoir éleuée comme i'ay fait.

LYSETTE.

Mais, Monſieur....

SGANARELLE.

Non, ie ſuis contr'elle, dans vne colere épouuantable.

LVCINDE.

Mais, mon Pere....

SGANARELLE.

Ie n'ay plus aucune tendresse pour toy.

LYSETTE.

Mais....

SGANARELLE.

C'est vne Friponne.

LVCINDE.

Mais....

SGANARELLE.

Vne Ingrate.

LYSETTE.

Mais....

SGANARELLE.

Vne Coquine, qui ne me veut pas dire ce qu'elle a.

LYSETTE.

C'est vn Mary qu'elle veut.

SGANARELLE *faisant semblant de ne pas entendre.*

Ie l'abandonne.

LYSETTE.

Vn Mary.

SGANARELLE.

Ie la déteste.

LYSETTE.

Vn Mary.

SGANARELLE.

Et la renonce pour ma Fille.

LYSETTE.

Vn Mary.

SGANARELLE.

Non, ne m'en parlez point.

LYSETTE.

Vn Mary.

SGANARELLE.

Ne m'en parlez point.

LYSETTE.

Vn Mary.

SGANARELLE.

Ne m'en parlez point.

LYSETTE.

Vn Mary, vn Mary, vn Mary.

SCENE IV.

LYSETTE, LVCINDE.

LYSETTE.

ON dit bien vray, Qu'il n'y a point de pires ſourds, que ceux qui ne veulent point entendre.

LVCINDE.

Hé bien, Lyſette, i'auois tort de cacher mon déplaiſir, & ie n'auois qu'à parler, pour auoir tout ce que ie ſouhaitois de mõ Pere: Tu le vois.

LYSETTE.

Par ma foy, voila vn vilain Homme; & ie vous auouë que i'aurois vn plaiſir extréme à luy joüer quelque tour. Mais d'où vient donc, Madame, que juſqu'icy vous m'auez caché voſtre mal?

LVCINDE.

Helas! dequoy m'auroit ſeruy de te le découurir plûtoſt? & n'aurois-je pas autant gagné à le tenir caché toute ma vie? Crois-tu que ie n'aye pas bien préueu tout ce que tu vois maintenant? que ie ne sceusse pas à fonds tous les sentimens de mon Pere? & que le refus qu'il a fait porter à celuy qui m'a demandée par vn Amy, n'ait pas étouffé dans mon ame toute sorte d'espoir?

LYSETTE.

Quoy, c'est cet Inconnu qui vous a fait demander, pour qui vous...

LVCINDE.

Peut-estre n'est-il pas honneste à vne Fille de s'expliquer si librement: mais enfin, ie t'auouë que s'il m'estoit permis de vouloir quelque chose, ce seroit luy que ie voudrois. Nous n'auons eu ensemble aucune conuersation, & sa bouche ne m'a point declaré la passion qu'il a pour moy: mais dans tous les lieux où il m'a pû voir, ses regards & ses actions m'ont toûjours parlé si tendrement, & la demande qu'il a fait faire de moy, m'a paru d'vn si honneste Homme, que mon cœur n'a pû s'empescher d'estre sensible à ses ardeurs ; & cependant tu vois où la dureté de mon Pere reduit toute cette tendresse.

LYSETTE.

Allez, laissez-moy faire ; quelque sujet que i'aye de me plaindre de vous du secret que vous m'auez fait, ie ne veux pas laisser de seruir vostre amour ; & pourueu que vous ayez assez de resolution....

LVCINDE.

Mais que veux-tu que ie fasse contre l'authorité d'vn Pere ? & s'il est inexorable à mes vœux....

LYSETTE.

Allez, allez, il ne faut pas se laisser mener comme vn Oyson ; & pourueu que l'honneur n'y soit pas offensé, on peut se liberer vn peu de la tyrannie d'vn Pere. Que pretend-il que vous fassiez ? N'estes-vous pas en âge d'estre mariée ? & croit-il que vous soyez de marbre? Allez, encor vn coup, ie veux seruir vostre passion, ie prens dés à present sur moy tout le soin de ses interests, & vous verrez que ie sçay des détours. ... Mais ie vois vostre Pere, rentrons, & me laissez agir.

SCENE V.

SGANARELLE.

IL est bon quelquefois de ne point faire semblant d'entendre les choses qu'on n'entend que trop bien; & i'ay fait sagement, de parer la declaration d'vn desir que ie ne suis pas resolu de contenter. A-t'on iamais rien veu de plus tyrannique que cette coustume où l'on veut assujettir les Peres? Rien de plus impertinent, & de plus ridicule, que d'amasser du bien auec de grands trauaux, & éleuer vne Fille auec beaucoup de soin & de tendresse, pour se dépoüiller de l'vn & de l'autre entre les mains d'vn Homme qui ne nous touche de rien? Non, non, ie me moque de cet vsage, & ie veux garder mon bien & ma Fille pour moy.

SCENE VI.

LYSETTE, SGANARELLE.

LYSETTE.

AH! malheur, ah! disgrace, ah! pauure Seigneur Sganarelle, où pourray-je te rencontrer?

SGANARELLE.

Que dit-elle là?

LYSETTE.

Ah! miserable Pere, que feras-tu, quand tu sçauras cette nouuelle?

SGANARELLE.

Que sera-ce?

LYSETTE.

Ma pauure Maiſtreſſe !

SGANARELLE.

Ie ſuis perdu.

LYSETTE.

Ah !

SGANARELLE.

Lyſette.

LYSETTE.

Quelle infortune !

SGANARELLE.

Lyſette.

LYSETTE.

Quel accident !

SGANARELLE.

Lyſette.

LYSETTE.

Quelle fatalité !

SGANARELLE.

Lyſette.

LYSETTE.

Ah ! Monſieur.

SGANARELLE.

Qu'eſt-ce ?

LYSETTE.

Monſieur.

SGANARELLE.

Qu'y a-t-il ?

LYSETTE.

Voſtre Fille....

SGANARELLE.

Ah, ah.

LYSETTE.

Monſieur, ne pleurez donc point comme cela ; car vous me feriez rire.

SGANARELLE.

Dy-donc viſte.

LYSETTE.

Voſtre Fille toute ſaiſie des paroles que vous luy auez dites, & de la colere effroyable où elle vous a veu contr'elle, eſt montée viſte dans ſa Chambre, & pleine de deſeſpoir, a ouuert la feneſtre qui regarde ſur la Riuiere.

SGANARELLE.

Hé bien.

LYSETTE.

Alors, leuant les yeux au Ciel. Non, a-t'elle dit, il m'est impossible de viure auec le courroux de mon Pere; & puis qu'il me renonce pour sa Fille, ie veux mourir.

SGANARELLE.

Elle s'est jettée?

LYSETTE.

Non, Monsieur, elle a fermé tout doucement la fenestre, & s'est allée mettre sur son Lit. Là, elle s'est prise à pleurer amerement; & tout d'vn coup son visage a pâly, ses yeux se sont tournez, le cœur luy a manqué, & elle m'est demeurée entre les bras.

SGANARELLE.

Ah! ma Fille.

LYSETTE.

A force de la tourmenter, ie l'ay fait reuenir: mais cela luy reprend de moment en moment, & ie croy qu'elle ne passera pas la journée.

SGANARELLE.

Champagne, Champagne, Champagne, viste, qu'on m'aille querir des Medecins, & en quantité; on n'en peut trop auoir dans vne pareille auanture. Ah! ma Fille; ma pauure Fille!

Fin du Premier Acte.

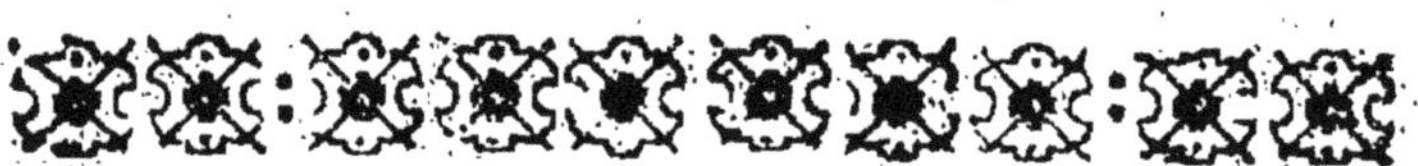

I. ENTRE-ACTE.

CHampagne en dançant frappe aux Portes de quatre Medecins, qui dançent & entrent auec ceremonie, chez le Pere de la Malade.

ACTE II.

SCENE I.

SGANARELLE, LYSETTE.

LYSETTE.

VE voulez-vous donc faire, Monſieur, de quatre Medecins? N'eſt ce pas aſſez d'vn pour tuer vne Perſonne?

SGANARELLE.

Taiſez-vous. Quatre conſeils valent mieux qu'vn.

LYSETTE.

Eſt-ce que voſtre Fille ne peut pas bien mourir, ſans le ſecours de ces Meſſieurs-là?

SGANARELLE.

Est-ce que les Medecins font mourir?

LYSETTE.

Sans doute ; & i'ay connu vn Homme qui prouuoit, par bonnes raisons, qu'il ne faut iamais dire, vne telle Personne est morte d'vne Fievre & d'vne Fluxion sur la poitrine ; mais elle est morte de quatre Medecins, & de deux Apoticaires.

SGANARELLE.

Chut, n'offensez pas ces Messieurs-là.

LYSETTE.

Ma foy, Monsieur, nostre Chat est réchapé depuis peu, d'vn saut qu'il fit du haut de la Maison dans la Ruë, & il fut trois jours sans manger, & sans pouuoir remuër ny pied ny patte ; mais il est bienheureux, de ce qu'il n'y a point de Chats Medecins, car ses affaires estoient faites, & ils n'auroient pas manqué de le purger, & de le saigner.

SGANARELLE.

Voulez-vous vous taire, vous dis-je? mais voyez quelle impertinence. Les voicy.

LYSETTE.

Prenez garde, vous allez estre bien édifié; ils vous diront en Latin que vostre Fille est malade.

SCENE II.

MESSIEVRS TOME'S, DES FONANDRE'S, MACROTON, & BAHYS, *Medecins*, SGANARELLE, LYSETTE.

SGANARELLE.

HE' bien, Messieurs?

M. TOME'S.

Nous auons veu suffisamment la Malade; & sans doute qu'il y a beaucoup d'impuretez en elle.

SGANARELLE.

Ma Fille est impure!

M. TOME'S.

M. TOMES.

Ie veux dire qu'il y a beaucoup d'impureté dans son corps, quantité d'humeurs corrompuës.

SGANARELLE.

Ah! ie vous entens.

M. TOMES.

Mais.... nous allons consulter ensemble.

SGANARELLE.

Allons, faites donner des sieges.

LYSETTE.

Ah! Monsieur, vous en estes?

SGANARELLE.

Dequoy donc connoissez-vous Monsieur?

LYSETTE.

De l'auoir veu l'autre jour, chez la bonne Amie de Madame vostre Niece.

M. TOMES.

Comment se porte son Cocher?

LYSETTE.

Fort bien, il est mort.

M. TOME'S.

Mort!

LYSETTE.

Oüy.

M. TOME'S.

Cela ne ſe peut.

LYSETTE.

Ie ne ſçay pas ſi cela ſe peut; mais ie ſçay bien que cela eſt.

M. TOME'S.

Il ne peut pas eſtre mort, vous dis je.

LYSETTE.

Et moy ie vous dis qu'il eſt mort, & enterré.

M. TOME'S.

Vous vous trompez.

LYSETTE.

Ie l'ay veu.

M. TOME'S.

Cela eſt impoſſible. Hipocrate dit, que ces ſortes de Maladies ne ſe terminent qu'au quatorze, ou au vingt-vn, & il n'y a que ſix jours qu'il eſt tombé malade.

LYSETTE.

Hipocrate dira ce qu'il luy plaira; mais le Cocher eſt mort.

SGANARELLE.

Paix, Diſcoureuſe; allons, ſortons d'icy. Meſſieurs, ie vous ſupplie de conſulter de la bonne maniere. Quoy que ce ne ſoit pas la couſtume de payer auparauant; toutefois de peur que ie l'oublie, & afin que ce ſoit vne affaire faite, voicy.....

Il les paye, & chacun en receuant l'argent, fait vn geſte different.

SCENE III.

MESSIEVRS DES FONANDRE'S, TOME'S, MACROTON, & BAHYS.

Ils s'asseyent & toussent.

M. DES FONANDRE'S.

PAris est étrangement grand, & il faut faire de longs trajets, quand la Pratique donne vn peu.

M. TOME'S.

Il faut auoüer que i'ay vne Mule admirable pour cela, & qu'on a peine à croire le chemin que ie luy fais faire tous les jours.

M. DES FONANDRE'S.

I'ay vn Cheual merueilleux, & c'est vn Animal infatigable.

M. TOME'S.

Sçauez-vous le chemin que ma Mule a fait aujourd'huy? I'ay esté premierement tout contre l'Arsenal, de l'Arſenal au bout du Faux-bourg S. Germain, du Fauxbourg S. Germain au fonds du Marais, du fonds du Marais à la Porte S. Honoré, de la Porte S. Honoré au Fauxbourg S. Iacques, du Fauxbourg S. Iacques à la Porte de Richelieu, de la Porte de Richelieu icy, & d'icy ie dois aller encore à la Place Royale.

M. DES FONANDRE'S.

Mon Cheual a fait tout cela aujourd'huy; & de plus, i'ay eſté à Ruel voir vn Malade.

M. TOME'S.

Mais à propos, quel party prenez-vous dans la Querelle des deux Medecins, Theophraſte, & Artemius? car c'eſt vne Affaire qui partage tout noſtre Corps.

M. DES FONANDRE'S.

Moy, ie ſuis pour Artemius.

M. TOME'S.

Et moy auſſi: Ce n'eſt pas que ſon auis, comme on a veu, n'ait tué le Malade, & que celuy de Theophraste ne fut beaucoup meilleur asseurément; mais enfin, il a tort dans les circonstances, & il ne deuoit pas estre d'vn autre auis que son Ancien. Qu'en dites-vous?

M. DES FONANDRE'S.

Sans doute. Il faut toûjours garder les formalitez, quoy qu'il puisse arriuer.

M. TOME'S.

Pour moy i'y suis seuere en Diable, à moins que ce soit entre Amis; & l'on nous assembla vn jour trois de nous autres, auec vn Medecin de dehors, pour vne Consultation, où i'arrestay toute l'Affaire, & ne voulus point endurer qu'on opinast, si les choses n'alloient dans l'ordre. Les Gens de la Maison faisoient ce qu'ils pouuoient, & la maladie pressoit; mais ie n'en voulus point démordre, & la Malade mourut brauement pendant cette contestation.

M. DES FONANDRE'S.

C'eſt fort bien fait d'apprendre aux Gens à viure, & de leur montrer leur bec jaune.

M. TOME'S.

Vn Homme mort, n'eſt qu'vn Homme mort, & ne fait point de conſequence ; mais vne formalité negligée porte vn notable préjudice à tout le Corps des Medecins.

SCENE IV.

SGANARELLE, M. TOME'S DES FONANDRE'S, MACROTON, & BAHYS.

SGANARELLE.

MEſſieurs, l'oppreſſion de ma Fille augmente ; ie vous prie de me dire viſte ce que vous auez reſolu.

M. TOME'S.

Allons, Monſieur.

M. DES FONANDRE'S.

Non, Monsieur, parlez, s'il vous plaist.

M. TOME'S.

Vous vous mocquez.

M. DES FONANDRE'S.

Ie ne parleray pas le premier.

M. TOME'S.

Monsieur.

M. DES FONANDRE'S.

Monsieur.

SGANARELLE.

Hé, de grace, Messieurs, laissez toutes ces Ceremonies, & songez que les choses pressent.

M. TOME'S.

Ils parlent tous quatre ensemble.

La Maladie de vostre Fille.

M. DES FONANDRE'S.

L'auis de tous ces Messieurs tous ensemble.

M. MACROTON.

Apres auoir bien consulté.

M. BAHYS.

Pour raisonner.

SGANARELLE.

Hé! Meſſieurs, parlez l'vn apres l'autre, de grace.

M. TOMES.

Monſieur, nous auons raiſonné ſur la maladie de voſtre Fille; & mon auis, à moy, eſt que cela procede d'vne grande chaleur de ſang: ainſi ie conclus à la ſaigner le plutoſt que vous pourrez.

M. DES FONANDRES.

Et moy, ie dis que ſa maladie eſt vne pourriture d'humeurs, cauſée par vne trop grande repletion: ainſi ie conclus à luy donner de l'Hemetique.

M. TOMES.

Ie ſoûtiens que l'Hemetique la tuëra.

M. DES FONANDRES.

Et moy, que la Saignée la fera mourir.

M. TOMES.

C'eſt bien à vous de faire l'habile Homme?

M. DES FONANDRE'S.

Oüy, c'eſt à moy; & ie vous preſteray le colet en tout genre d'érudition.

M. TOME'S.

Souuenez-vous de l'Homme que vous fiſtes creuer ces jours paſſez.

M. DES FONANDRE'S.

Souuenez-vous de la Dame que vous auez enuoyée en l'autre Monde, il y a trois jours.

M. TOME'S.

Ie vous ay dit mon auis.

M. DES FONANDRE'S.

Ie vous ay dit ma penſée.

M. TOME'S.

Si vous ne faites ſaigner tout à l'heure voſtre Fille, c'eſt vne Perſonne morte.

M. DES FONANDRE'S.

Si vous la faites ſaigner, elle ne ſera pas en vie dans vn quart d'heure.

SCENE V.

SGANARELLE, MESSIEVRS MACROTON, & BAHYS, *Medecins.*

SGANARELLE.

A Qui croire des deux, & quelle resolution prendre sur des auis si opposez? Messieurs, ie vous conjure de déterminer mon esprit, & de me dire sans passion, ce que vous croyez le plus propre à soulager ma Fille.

M. MACROTON.

Il parle en alongeant ses mots.

Mon-si-eur. dans. ces. ma-ti-e-res. là. il faut. pro-ce-der. a-uec-que. cir-cons-pec-tion. &. ne. ri-en fai-re. com-me. on. dit. à. la. vo-lé-e. d'au-tant. que. les. fau-tes. qu' on. y. peut. fai-re. sont. se-lon. nos-tre. Mais-tre. Hip-po-cra-te.

d'vne. dan-ge-reu-ſe. con-ſe-quen-ce.

M. BAHYS.

Celuy-cy parle toûjours en bredoüillant.

Il eſt vray. Il faut bien prendre garde à ce qu'on fait ; car ce ne ſont pas icy des Ieux d'Enfant, & quand on a failly, il n'eſt pas aiſé de reparer le manquement, & de rétablir ce qu'on a gaſté. *Experimentum periculoſum.* C'eſt pourquoy il s'agiſt de raiſonner auparauant comme il faut, de peſer meurement les choſes, de regarder le temperament des Gens, d'examiner les cauſes de la Maladie, & de voir les Remedes qu'on y doit apporter.

SGANARELLE.

L'vn va en Tortuë, & l'autre court la poſte.

M. MACROTON.

Or. Mon-ſi-eur. pour. ve-nir. au. fait. ie. trou-ue. que. voſ-tre. Fil-le. a. vne. ma-la-di-e. chro-ni-que. &. qu'el-le. peut. pe-ri cliser. si. on. ne. luy. don-ne. du. se-cours. d'au-tant. que. les. sim-ptô-mes. qu'el-le. a. sont. in-di-ca-tifs. d'v-ne. va-peur. fu-li-gi-neu-se. &. mor-di-can-te. qui. luy. pi-co-te. les. mem-bra-nes. du. cer-ue-au. Or. cet-te. va-peur. que. nous. nom-mons. en. Grec. *At-mos.* est. cau-sé-e. par. des. hu-meurs. pu-tri-des. te-na-ces. &. con-glu-ti-neu-ses. qui. sont. con-te-nuës. dans le. bas. ven-tre.

M. BAHYS.

Et comme ces humeurs ont esté là engendrées, par vne longue succession de temps ; Elles s'y sont recuites, & ont acquis cette malignité, qui fume vers la region du cerueau.

M. MACROTON.

Si. bi-en. donc. que. pour. ti-rer. des-ta-cher. ar-ra-cher. ex-pul-ser. é-ua-cü-er. les-di-tes. hu-meurs. il. fau-dra. vne. pur-ga-tion. vi-gou-reu-se. Mais. au. pre-a-la-ble. ie.

trou-ue. à. pro-pos. &. il. n'y. a. pas. d'in-con-ue-ni-ent. d'v-ser. de. pe-tits. re-me-des. a-no-dins. c'est. à. di-re. de. pe-tits. la-ue-mens. re-mol-li-ans. &. dé-ter-sifs. de. ju-lets. &. de. si-rops. ra-fraiſ-chiſ-sans qu'on. meſ-le-ra. dans. sa. ti-san-ne.

M. BAHYS.

Apres nous en viendrons à la purgation, & à la saignée, que nous reïtererons, s'il en est besoin.

M. MACROTON.

Ce. n'est. pas. qu'a-uec. tout. ce-la. voſ-tre. Fil-le. ne. puiſ-se. mou-rir. mais. au. moins. vous. au-rez. fait. quel-que. chose. &. vous. au-rez. la. con-so-la-ti-on. qu'el-le. se-ra. mor-te. dans. les. for-mes.

M. BAHYS.

Il vaut mieux mourir selon les regles, que de réchaper contre les regles.

M. MACROTON.

Nous. vous. di-sons. sin-ce-re-ment. noſ-tre. pen-sé-e.

M. BAHYS.

Et vous auons parlé, comme nous parlerions à nostre propre Frere.

SGANARELLE.

A Monsieur Macroton.

Ie. vous. rends. tres-hum-bles. gra-ces.

A Monsieur Bahys.

Et vous suis infiniment obligé de la peine que vous auez prise.

SCENE VI.

SGANARELLE.

ME voila justement vn peu plus incertain que ie n'estois auparauant. Morbleu, il me vient vne fantaisie. Il faut que i'aille acheter de l'Oruietan, & que ie luy en fasse prendre : L'Oruietan est vn Remede dont beaucoup de Gens se sont bien trouuez.

SCENE VII.

L'OPERATEVR, SGANARELLE.

SGANARELLE.

HOla. Monsieur, ie vous prie de me donner vne Boëte de vostre Oruietan, que ie m'en vais vous payer.

L'OPERATEVR *Chantant.*

L'Or de tous les Climats qu'entoure l'Ocean,
Peut-il iamais payer ce Secret d'importance?
Mon Remede guerit par sa rare excellence,
Plus de Maux qu'on n'en peut nombrer dans tout vn an.
La Gale,
La Rogne,
La Tigne,
La Fiévre,

La Peste,

La Goute,

Verole,

Descente,

Rougeole,

O! grande puissance de l'Oruietan!

SGANARELLE.

Monsieur, ie croy que tout l'or du Monde n'est pas capable de payer vostre Remede; mais pourtant voicy vne Piece de Trente sols que vous prendrez, s'il vous plaist.

L'OPERATEVR *Chantant.*

Admirez mes bontez, & le peu qu'on vous vend

Ce Tresor merueilleux, que ma main vous dispense;

Vous pouuez auec luy brauer en asseurance,

Tous les Maux que sur nous l'Ire du Ciel répand.

La Gale,

La Rogne,

La Tigne,

La Fiévre,

La Peste,
La Goute,
Verole,
Descente,
Rougeole,
O! grande puissance de l'Oruietan!

Fin du Second Acte.

II. ENTRE-ACTE.

PLusieurs Triuelins, & plusieurs Scaramouches, Valets de l'Operateur, se réjoüissent en dançant.

ACTE III.

SCENE I.

MESSIEVRS FILERIN, TOME'S, & DES FONANDRE'S.

M. FILERIN.

N'Avez-vous point de honte, Messieurs, de montrer si peu de prudence pour des Gens de vostre âge, & de vous estre querellez comme de jeunes étourdis? Ne voyez-vous pas bien quel tort ces sortes de Querelles nous font parmy le Monde? & n'est-ce pas assez que les Sçauans voyent les contrarietez

& les dissentions qui sont entre nos Autheurs, & nos anciens Maistres, sans découurir encore au Peuple, par nos Débats & nos Querelles, la forfanterie de nostre Art : Pour moy, ie ne comprens rien du tout à cette méchante Politique de quelques-vns de nos Gens ; & il faut confesser que toutes ces contestations nous ont décrié depuis peu d'vne étrange maniere, & que si nous n'y prenons garde, nous allons nous ruiner nous-mesmes. Ie n'en parle pas pour mon interest ; car, Dieu mercy, i'ay déja étably mes petites affaires ; Qu'il vente, qu'il pleuue, qu'il gresle, ceux qui sont morts sont morts, & i'ay dequoy me passer des viuans ; mais enfin, toutes ces disputes ne vallent rien pour la Medecine. Puis que le Ciel nous fait la grace que depuis tant de Siecles, on demeure infatué de Nous, ne desabusons point les Hommes auec nos cabales extrauagantes, & profitons de leurs ſottiſes le plus doucement que nous pourrons. Nous ne ſommes pas les ſeuls, comme vous ſçauez, qui taſchons à nous preualoir de la foibleſſe humaine : C'eſt là que va l'étude de la pluſpart du Monde, & chacun s'efforce de prendre les Hommes par leur foible, pour en tirer quelque profit. Les Flatteurs, par exemple, cherchent à profiter de l'amour que les Hommes ont pour les loüanges, en leur donnant tout le vain encens qu'ils ſouhaitent ; & c'eſt vn Art où l'on fait, comme on void, des fortunes conſiderables. Les Alchimiſtes taſchent à profiter de la paſſion que l'on a pour les Richeſſes, en promettant des Montagnes d'or à ceux qui les écoutent ; & les Diſeurs d'Horoſcopes, par leurs Predictions trompeuſes, profitent de la vanité & de l'ambition des credules Eſprits ; mais le plus grand foible des Hommes, c'eſt l'amour qu'ils ont pour la vie, & nous en profitons nous autres par nostre pompeux galimathias, & sçauons prendre nos auantages de cette veneration, que la peur de mourir leur donne pour nostre mestier. Conseruons-nous donc dans le degré d'estime où leur foiblesse nous a mis, & soyons de concert aupres des Malades, pour nous attribuër les heureux succez de la maladie, & rejetter sur la Nature toutes les beueuës de nostre Art. N'allons point, dis-je, détruire sottement les heureuses preuentions d'vne erreur qui donne du pain à tant de Personnes.

M. TOMES.

Vous auez raison en tout ce que vous dites ; mais ce sont chaleurs de sang, dont par fois on n'est pas le maistre.

M. FILERIN.

Allons donc, Messieurs, mettez bas toute rancune, & faisons icy vostre accommodement.

M. DES FONANDRE'S.

I'y consens. Qu'il me passe mon Hemetique pour la Malade dont il s'agist, & ie luy passeray tout ce qu'il voudra pour le premier Malade dont il sera question.

M. FILERIN.

On ne peut pas mieux dire: Et voila se mettre à la raison.

M. DES FONANDRE'S.

Cela est fait.

M. FILERIN.

Touchez donc là. Adieu. Vne autrefois montrez plus de prudēce.

SCENE II.

M. TOME'S, DES FONANDRE'S, LYSETTE.

LYSETTE.

QVoy, Messieurs, vous voila, & vous ne songez pas à reparer le tort qu'on vient de faire à la Medecine?

M. TOME'S.

Comment, qu'est-ce ?

LYSETTE.

Vn Insolent, qui a eu l'effronterie d'entreprendre sur vostre Mestier, & qui sans vostre Ordonnance, vient de tuër vn Homme d'vn grand coup d'épée au trauers du corps.

M. TOME'S.

Ecoutez, vous faites la Railleuse, mais vous passerez par nos mains quelque jour.

LYSETTE.

Ie vous permets de me tuër, lors que i'auray recours à vous.

SCENE III.

LYSETTE, CLITANDRE.

CLITANDRE.

HE' bien, Lysette, me trouues-tu bien ainsi ?

LYSETTE.

Le mieux du monde, & ie vous

attendois

attendois auec impatience. Enfin le Ciel m'a faite d'vn naturel le plus humain du monde, & ie ne puis voir deux Amans soûpirer l'vn pour l'autre, qu'il ne me prenne vne tendresse charitable, & vn desir ardent de soulager les maux qu'ils souffrent. Ie veux à quelque prix que ce soit, tirer Lucinde de la tyrannie où elle est, & la mettre en vostre pouuoir. Vous m'auez plû d'abord, ie me connois en Gens, & elle ne peut pas mieux choisir. L'Amour risque des choses extraordinaires, & nous auons concerté ensemble vne maniere de stratagéme, qui pourra peut-estre nous reüssir. Toutes nos mesures sont déja prises; l'Homme à qui nous auons affaire n'est pas des plus fins de ce Monde; & si cette auanture nous manque, nous trouuerons mille autres voyes pour arriuer à nostre but. Attendez moy là seulement, ie reuiens vous querir.

SCENE IV.

SGANARELLE, LYSETTE.

LYSETTE.

MOnsieur, allegresse ! allegresse !

SGANARELLE.

Qu'est-ce ?

LYSETTE.

Réjoüissez-vous.

SGANARELLE.

De quoy ?

LYSETTE.

Réjoüissez-vous, vous dis-je.

SGANARELLE.

Dy-moy donc ce que c'est, & puis ie me réjoüiray, peut-estre.

LYSETTE.

Non. Ie veux que vous vous réjoüissiez auparauant ; que vous chantiez, que vous dançiez.

SGANARELLE.

Surquoy ?

LYSETTE.

Sur ma parole.

SGANARELLE.

Allons donc, la lera la la, la lera la. Que Diable !

LYSETTE.

Monsieur, vostre Fille est guerie.

SGANARELLE.

Ma Fille est guerie !

LYSETTE.

Oüy. Ie vous amene vn Medecin; mais vn Medecin d'importance, qui fait des Cures merueilleuses, & qui se moque des autres Medecins.

SGANARELLE.

Où est-il ?

LYSETTE.

Ie vais le faire entrer.

SGANARELLE.

Il faut voir si celuy-cy fera plus que les autres.

SCENE V.

CLITANDRE *en habit de Medecin*, SGANARELLE, LYSETTE.

LYSETTE.

Le voicy.

SGANARELLE.

Voila vn Medecin qui a la barbe bien jeune.

LYSETTE.

La Science ne ſe meſure pas à la barbe; & ce n'eſt pas par le menton qu'il eſt habile.

SGANARELLE.

Monſieur, on m'a dit que vous auiez des Remedes admirables pour faire aller à la ſelle.

CLITANDRE.

Monſieur, mes Remedes ſont diferens de ceux des autres: Ils ont l'Hemetique, les Saignées, les Medecines,

& les Lauemens: mais moy ie gueris par des Paroles, par des Sons, par des Lettres, par des Talismans, & par des Anneaux constellez.

LYSETTE.

Que vous ay-je dit?

SGANARELLE.

Voila vn grand Homme!

LYSETTE.

Monsieur, comme vostre Fille est là toute habillée dans vne Chaise, ie vais la faire passer icy.

SGANARELLE.

Oüy, fay.

CLITANDRE

Tastant le poux à Sganarelle.

Vostre Fille est bien malade.

SGANARELLE.

Vous connoissez cela icy?

CLITANDRE.

Oüy, par la simpathie qu'il y a entre le Pere & la Fille.

SCENE VI.

LVCINDE, LYSETTE. SGANARELLE, CLITANDRE.

LYSETTE.

TEnez, Monsieur, voila vne Chaise aupres d'elle. Allons, laissez-les-là tous deux.

SGANARELLE.

Pourquoy ? Ie veux demeurer là.

LYSETTE.

Vous mocquez-vous ? Il faut s'éloigner, vn Medecin a cent choses à demander, qu'il n'est pas honneste qu'vn Homme entende.

CLITANDRE,

Parlant à Lucinde à part.

Ah ! Madame que le rauissement où ie me trouue est grand ! & que ie sçay peu par où vous commencer mon discours. Tant que ie ne vous ay parlé que des yeux, i'auois, ce me ſembloit, cent choſes à vous dire, & maintenant que i'ay la liberté de vous parler de la façon que ie ſouhaittois, ie demeure interdit; & la grande joye où ie ſuis, étouffe toutes mes paroles.

LVCINDE.

Ie puis vous dire la meſme choſe, & ie ſens, comme vous, des mouuemens de joye qui m'empeſchent de pouuoir parler.

CLITANDRE.

Ah! Madame, que ie ſerois heureux, s'il eſtoit vray que vous ſentiſſiez tout ce que ie ſens, & qu'il me fut permis de juger de voſtre ame par la mienne! Mais, Madame, puis-je au moins croire que ce ſoit à vous à qui ie doiue la penſée de cet heureux ſtratagéme, qui me fait joüir de voſtre preſence?

LVCINDE.

Si vous ne m'en deuez pas la penſée, vous m'eſtes redeuable au moins d'en auoir approuué la propoſition auec beaucoup de joye.

SGANARELLE, *à Lyſette.*

Il me ſemble qu'il luy parle de bien pres.

LYSETTE, *à Sganarelle.*

C'eſt qu'il obſerue ſa phiſionomie, & tous les traits de ſon viſage.

CLITANDRE, *à Lucinde.*

Serez-vous conſtante, Madame, dans ces bontez que vous me témoignez?

LVCINDE.

Mais vous, ſerez-vous ferme dans les reſolutions que vous auez montrées?

CLITANDRE.

Ah! Madame, juſqu'à la mort. Ie n'ay point de plus forte enuie que d'eſtre à vous, & ie vais le faire paroiſtre dans ce que vous m'allez voir faire.

SGANARELLE.

Hé bien, noſtre Malade, elle me ſemble vn peu plus gaye.

CLITANDRE.

C'eſt que i'ay déja fait agir ſur elle vn de ces Remedes que mon Art m'enſeigne. Comme l'Eſprit a grand empire ſur le Corps, & que c'eſt de luy bien ſouuent que procedent les Maladies, ma couſtume eſt de courir à guerir les Eſprits, auant que de venir au Corps. I'ay donc obſerué ſes regards, les traits de ſon viſage, & les lignes de ſes deux mains; & par la Science que le Ciel m'a donnée, i'ay reconnu que c'eſtoit de l'eſprit qu'elle eſtoit malade, & que tout ſon mal ne venoit que d'vne imagination dereglée, d'vn deſir deprauè de vouloir eſtre mariée. Pour moy, ie ne voy rien de plus extrauagant & de plus ridicule, que cette enuie qu'on a du Mariage.

SGANARELLE.

Voila vn habile Homme!

CLITANDRE.

Et i'ay eu, & auray pour luy, toute ma vie, vne auerſion effroyable.

SGANARELLE.

Voila vn grand Medecin !

CLITANDRE.

Mais, comme il faut flatter l'imagination des Malades, & que i'ay veu en elle de l'alienation d'esprit, & mesme qu'il y auoit du peril à ne luy pas donner vn prompt secours, ie l'ay prise par son foible, & luy ay dit que i'estois venu icy pour vous la demander en Mariage : soudain son visage a changé, son teint s'est éclaircy, ses yeux se sont animez, & si vous voulez pour quelques iours l'entretenir dans cette erreur, vous verrez que nous la tirerons d'où elle est.

SGANARELLE.

Oüy-da, ie le veux bien.

CLITANDRE.

Apres nous ferons agir d'autres Remedes pour la guerir entierement de cette fantaisie.

SGANARELLE.

Oüy, cela est le mieux du monde.

Hé bien, ma Fille, voila Monſieur qui a enuie de t'épouſer, & ie luy ay dit que ie le voulois bien.

LVCINDE.

Helas ! eſt-il poſſible ?

SGANARELLE.

Oüy.

LVCINDE.

Mais, tout de bon ?

SGANARELLE.

Oüy, oüy.

LVCINDE.

Quoy, vous eſtes dans les ſentimens d'eſtre mon Mary ?

CLITANDRE.

Oüy, Madame.

LVCINDE.

Et mon Pere y conſent ?

SGANARELLE.

Oüy, ma Fille.

LVCINDE.

Ah ! que ie ſuis heureuſe, ſi cela eſt veritable !

CLITANDRE.

N'en doutez point, Madame, ce

n'eſt pas d'aujourd'huy que ie vous aime, & que ie brûle de me voir voſtre Mary ; ie ne ſuis venu icy que pour cela : & ſi vous voulez que ie vous diſe nettement les choſes comme elles ſont, cet Habit n'eſt qu'vn pur pretexte inuenté, & ie n'ay fait le Medecin, que pour m'approcher de vous, & obtenir ce que ie ſouhaite.

LVCINDE.

C'eſt me donner des marques d'vn amour bien tendre, & i'y ſuis ſenſible autant que ie puis.

SGANARELLE.

Oh la folle! oh la folle! oh la folle!

LVCINDE.

Vous voulez donc bien, mon Pere, me donner Monſieur pour Epoux?

SGANARELLE.

Oüy, ça, donne-moy ta main. Donnez-moy vn peu auſſi la voſtre, pour voir.

CLITANDRE.

Mais, Monſieur....

SGANARELLE *s'étouffant de rire.*

Non, non, c'est pour . . . . . pour luy contenter l'esprit. Touchez-là. Voila qui est fait.

CLITANDRE.

Acceptez pour gage de ma foy cet Anneau que ie vous donne : C'est vn Anneau constellé, qui guerit les égaremens d'esprit.

LVCINDE.

Faisons donc le Contract, afin que rien n'y manque.

CLITANDRE.

Helas ! ie le veux bien, Madame. *A Sganarelle.* Ie vais faire monter l'Homme qui écrit mes Remedes, & luy faire croire que c'est vn Notaire.

SGANARELLE.

Fort bien.

CLITANDRE.

Hola, faites monter le Notaire que i'ay amené auec moy.

LVCINDE.

Quoy, vous auiez amené vn Notaire ?

CLITANDRE.

Oüy, Madame.

LVCINDE.

I'en suis rauie.

SGANARELLE.

Oh la folle ! oh la folle !

SCENE VII.

LE NOTAIRE, CLITANDRE, SGANARELLE, LVCINDE, LYSETTE.

Clitandre parle au Notaire à l'oreille.

SGANARELLE.

OVy, Monsieur, il faut faire vn Contract pour ces deux Personnes-là. Ecriuez. *Le Notaire écrit.* (Voila le Contract qu'on fait.) Ie luy donne vingt mille écus en Mariage. Ecriuez.

LVCINDE.

Ie vous suis bien obligée, mon Pere.

LE NOTAIRE.

Voila qui est fait, vous n'auez qu'à venir signer.

SGANARELLE.

Voila vn Contract bien-tost basty.

CLITANDRE.

Au moins.....

SGANARELLE.

Hé, non, vous dis-je. Sçait-on pas bien? Allons, donnez-luy la Plume pour signer. Allons, signe, signe, signe. Va, va, ie signeray tantost moy.

LVCINDE.

Non, non, ie veux auoir le Contract entre mes mains.

SGANARELLE.

Hé bien, tien. Es-tu contente?

LVCINDE.

Plus qu'on ne peut s'imaginer.

SGANARELLE.

Voila qui est bien. Voila qui est bien.

CLITANDRE.

Au reste, ie n'ay pas eu seulement la précaution d'amener vn Notaire, i'ay eu celle encore de faire venir des Voix & des Instrumens pour celebrer la Feste, & pour nous réjoüir. Qu'on les fasse venir. Ce sont des Gens que ie mene auec moy, & dont ie me sers tous les jours pour pacifier auec leur harmonie les troubles de l'Esprit.

SCENE DERNIERE.

LA COMEDIE, LE BALLET, ET LA MVSIQVE.

Tous Trois ensemble.

Sans nous tous les Hommes,
Deuiendroient mal sains;
Et c'est nous qui sommes
Leurs grands Medecins.

LA COMEDIE.

Veut-on qu'on rabatte
Par des moyens doux,
Les vapeurs de rate
Qui vous minent tous,
Qu'on laisse Hyppocrate,
Et qu'on vienne à nous?

Tous Trois ensemble.

Sans nous....

Durant qu'ils chantent, & que les Ieux, les Ris, & les Plaisirs dançent, Clitandre emmene Lucinde.

SGANARELLE.

Voila vne plaisante façon de guerir! Où est donc ma Fille, & le Medecin?

LYSETTE.

Ils sont allez acheuer le reste du Mariage.

SGANARELLE.

Comment le Mariage?

LYSETTE.

Ma foy, Monsieur, la Becasse est bridée, & vous auez crû faire vn jeu, qui demeure vne verité.

SGANARELLE.

Les Dançeurs le retiennent, & veulent le faire dançer de force.

Comment, Diable: Laissez-moy aller: Laissez-moy aller, vous dis-je. Encore. Peste des Gens.

FIN.

Le Misantrope

LE MISANTROPE,

COMEDIE

Par I. B. P. DE MOLIERE.

A PARIS.
Chez IEAN RIBOV, au Palais, vis à vis la Porte
de l'Eglise de la Sainte Chapelle,
à l'Image Saint Louis.

M. DC. LXVII.
AVEC PRIVILEGE DV ROY.

LE LIBRAIRE AV LECTEVR.

LE Misantrope, dés sa premiere Representation, ayant receu au Theatre, l'approbation que le Lecteur ne luy pourra refuser, & la Cour estant à Fontaibleau, lors qu'il parut; i'ay crû que ie ne pouuois rien faire de plus agreable pour le Public, que de luy faire part de cette Lettre, qui fut écrite, vn jour aprés, à vne Perſonne de Qualité, ſur le Sujet de cette Comedie. Celuy qui l'écriuit eſtant vn Homme dont le merite & l'eſprit eſt fort connu, ſa Lettre fut veuë de la meilleure partie de la Cour, & trouuée ſi juſte parmy tout ce qu'il y a de Gens les plus éclairez en ces matieres, que ie me ſuis perſüadé qu'apres leur auoir plû, le Lecteur me ſeroit obligé du ſoin que i'auois pris d'en chercher vne Copie pour la luy donner, & qu'il luy rendra la juſtice que tant de Perſonnes de la plus haute Naiſſance luy ont accordée.

LETTRE ECRITE SVR LA COMEDIE DV MISANTROPE.

ONSIEVR,

Vovs deuriez estre satisfait de ce que ie vous ay dit de la derniere Comedie de Monsieur de Moliere, que vous auez veuë aussi bien que moy, sans m'obliger à vous écrire mes sentimens. Ie ne puis m'empescher de faire ce que vous souhaitez; mais souuenez-vous de la sincere amitié que vous m'auez promise: & n'allez pas exposer à Fontainebleau, au jugement des Courtisans, des Remarques que ie n'ay faites que pour vous obeïr. Songez à ménager ma réputation; & pensez que les Gens de la Cour, de qui le Goust est si rafiné, n'auront pas, pour moy, la mesme indulgence que vous.

Il est à propos, auant que de parler à fonds de cette Comedie, de voir quel a esté le but de l'Autheur ; & ie croy qu'il merite des Loüanges, s'il est venu à bout de ce qu'il s'est proposé ; & c'est la premiere chose qu'il faut examiner. Ie pourrois vous dire en deux mots, si ie voulois m'exempter de faire vn grand Discours, qu'il a plû, & que son intention estant de plaire, les Critiques ne peuuent pas dire qu'il ait mal fait, puis qu'en faisant mieux (si toutesfois il est possible) son Dessein n'auroit, peut-estre, pas si bien reüssy.

Examinons, donc, les Endroits par où il a plû, & voyons quelle a esté la fin de son Ouurage. Il n'a point voulu faire vne Comedie pleine d'Incidens, mais vne Piece, seulement, où il pût parler contre les Mœurs du Siecle. C'est ce qui luy a fait prendre pour son Héros, vn Misantrope ; & comme Misantrope veut dire Ennemy des Hommes, on doit demeurer d'accord qu'il ne pouuoit choisir vn Personnage qui, vray-semblablement, pût mieux parler contre les Hommes, que leur Ennemy. Ce chois est encor admirable pour le Theatre ; & les Chagrins, les Dépits, les Bizarreries, & les Emportemens d'vn Misantrope, estans des choses qui font vn grand Ieu, ce Caractére est vn des plus brillans qu'on puisse produire sur la Scene.

On n'a pas, seulement, remarqué l'adresse de l'Autheur dans le chois de ce Personnage, mais encore dans tous les autres ; & comme rien ne fait paroistre, dauantage, vne chose, que celle qui luy est opposée, on peut non seulement dire que l'Amy du Misantrope, qui est vn Homme sage & prudent, fait voir, dans son jour, le Caractére de ce Ridicule ; mais encore que l'humeur du Misantrope fait connoistre la sagesse de son Amy.

Moliere n'estant pas de ceux qui ne font pas tout également bien, n'a pas esté moins heureux dans le chois de ses autres Caractéres, puis que la Maîtresse du Misantrope est vne jeune Veufue, Coquette, & tout à fait médisante. Il faut s'écrier icy, & admirer l'adresse de l'Autheur : ce n'est pas que le Caractére ne soit assez ordinaire, & que plusieurs n'eussent pû s'en seruir ; mais l'on doit admirer que dans vne Piece, où Moliere veut parler contre les Mœurs du Siecle, & n'épargner Personne, il nous fait voir vne Médisante, auec vn Ennemy des Hommes. Ie vous laisse à penser, si ces deux Personnes ne peuuent pas, naturellement, parler contre toute la Terre, puis que l'vn hayt les Hommes, & que l'autre se plaist á en dire tout le mal qu'elle en sçait. En verité, l'adresse de cet Autheur est admirable ; ce sont là, de ces choses que tout le Monde ne remarque pas, & qui sont faites auec beaucoup de jugement. Le Misantrope, seul, n'auroit pû parler contre tous les Hommes : mais en trouuant le moyen de le faire aider d'vne Médisante, c'est auoir troué, en mesme temps, celuy de mettre dans vne seule Piece, la derniere main au Portrait du Siecle. Il y est tout entier, puis que nous voyons, encor, vne Femme qui veut paroistre Prude, opposée à vne Coquette, & des Marquis qui representent la Cour : tellement qu'on peut asseurer que dans cette Comedie, l'on void tout ce qu'on peut dire contre les Mœurs du Siecle. Mais comme il ne suffit pas d'auancer vne chose, si l'on ne la prouue, ie vais, en examinant cette Piece, d'Acte en Acte, vous faire remarquer tout ce que i'ay dit ; & vous faire voir cent choses qui sont mises en leur Iour, auec beaucoup d'Art, & qui ne sont connuës que des Personnes aussi éclairées que vous.

Les Choses qui sont les plus précieuses d'elles-mesmes, ne seroient pas, souuent, estimées ce qu'elles sont, si l'Art ne leur auoit presté quelques traits; & l'on peut dire, que de quelque valeur qu'elles soient, il augmente toûjours leur prix. Vne Pierre mise en œuure, a beaucoup plus d'éclat qu'auparauant; & nous ne sçaurions bien voir le plus beau Tableau du Monde, s'il n'est dans son Iour. Toutes choses ont besoin d'y estre; & les Actions que l'on nous represente sur la Scene, nous paroissent plus, ou moins belles, selon que l'Art du Poëte nous les fait paroistre. Ce n'est pas qu'on doiue trop s'en seruir, puis que le trop d'Art n'est plus Art, & que c'est en auoir beaucoup, que de ne le pas montrer. Tout excés est condamnable, & nuisible; & les plus grandes Beautez perdent beaucoup de leur éclat, lors qu'elles sont exposées à vn trop grand jour. Les Productions d'Esprit sont de mesmes, & sur tout, celles qui regardent le Theatre; il leur faut donner de certains jours qui sont plus difficiles à trouuer, que les choses les plus spirituelles: car, enfin, il n'y a point d'Esprits si grossiers, qui n'ayent quelquesfois de belles Pensées; mais il y en a peu qui sçachent bien les mettre en œuure, s'il est permis de parler ainsi. C'est ce que Moliere fait si bien, & ce que vous pouuez remarquer dans sa Piece. Cette ingénieuse & admirable Comedie, commence par le Misantrope, qui, par son action, fait connoistre à tout le Monde, que c'est luy, auant mesme d'ouurir la bouche; ce qui fait juger qu'il soûtiendra bien son Caractére, puis qu'il commence si bien de le faire remarquer.

Dans cette premiere Scene, il blâme ceux qui sont tellement accoûtumez à faire des protestations d'Amitié, qu'ils embrassent également leurs Amis, & ceux qui leur doiuent estre indiférens, le Faquin, & l'honneste Homme: & dans e mesme temps, par la colére où il témoigne estre contre son Amy, il fait voir que ceux qui reçoiuent ces embrassades auec trop de complaisance, ne sont pas moins dignes de blâme, que ceux qui les font; & par ce que luy répond son Amy, il fait voir que son dessein est de rompre en visiere à tout le Genre Humain; & l'on connoist par ce peu de paroles, le Caractére qu'il doit soûtenir pendant toute la Piece. Mais comme il ne pouuoit le faire paroistre sans auoir de matiére, l'Autheur a cherché toutes les choses qui peuuent exercer la patience des Hommes; & comme il n'y en a presque point qui n'ait quelque Procés, & que c'est vne chose fort contraire à l'humeur d'vn tel Personnage, il n'a pas manqué de le faire plaider; & comme les plus sages s'emportent ordinairement, quand ils ont des Procés, il a pû, justement, faire dire tout ce qu'il a voulu à vn Misantrope, qui doit, plus qu'vn autre, faire voir sa mauuaise humeur, & contre ses Iuges, & contre sa Partie.

Ce n'estoit pas assez de luy auoir fait dire qu'il vouloit rompre en visiere à tout le Genre Humain, si l'on ne luy donnoit lieu de le faire. Plusieurs disent des choses qu'ils ne font pas; & l'Auditeur ne luy a pas si-tost veu prendre cette résolution, qu'il souhaite d'en voir les effets: ce qu'il découure dans la Scene suiuante, & ce qui luy doit faire connoistre l'adresse de l'Autheur, qui répond si-tost à ses desirs.

Cette seconde Scene réjoüit & attache beaucoup, puis qu'on void vn Homme de Qualité, faire au Misantrope les ciuilitez qu'il vient de blâmer: & qu'il faut necessairement, ou qu'il démente son Caractere, ou qu'il luy rompe en visiere. Mais il est, encor, plus embarrassé dans la suite; car la mesme Personne luy lit vn Sonnet, & veut l'obliger d'en dire son sentiment. Le Misantrope fait d'abord voir vn peu de prudence, & tâche de luy faire comprendre ce qu'il ne veut pas luy dire ouuertement, pour luy épargner de la confusion ; mais, enfin, il est obligé de luy rompre en visiere : ce qu'il fait d'vne maniere qui doit beaucoup diuertir le Spectateur. Il luy fait voir que son Sonnet vaut moins qu'vn vieux Couplet de Chanson qu'il luy dit ; que ce n'est qu'vn jeu de Paroles qui ne signifient rien ; mais que la Chanson dit beaucoup plus, puis qu'elle fait du moins voir vn Homme amoureux, qui abandonneroit vne Ville, comme Paris, pour sa Maistresse.

Ie ne croy pas qu'on puisse rien voir de plus agreable que cette Scene. Le Sonnet n'est point méchant, selon la maniere d'écrire d'aujourd'huy: & ceux qui cherchent ce que l'on appelle Pointes ou Chûtes, plûtost que le bon Sens, le trouueront, sans doute, bon. I'en vis mesme, à la premiere Representation de cette Piece, qui se firent joüer, pendant qu'on representoit cette Scene ; car ils criérent que le Sonnet estoit bon, auant que le Misantrope en fist la Critique ; & demeurerent ensuite tout confus.

Il y a cent choses dans cette Scene, qui doiuent faire remarquer l'Esprit de l'Autheur ; & le chois du Sonnet en est vn, dans vn Temps où tous nos Courtisans font des Vers. On peut adjoûter à cela, que les Gens de Qualité croyent que leur Naissance les doit excuser, lors qu'ils écriuent mal ; qu'ils sont les premiers à dire, *Cela est écrit Caualierement, & vn Gentilhomme n'en doit pas sçauoir dauantage.* Mais ils deuroient plûtost se persuader que les Gens de Qualité doiuent mieux faire que les autres, ou du moins ne point faire voir ce qu'ils ne font pas bien.

Ce premier Acte ayant plû à tout le Monde, & n'ayant que deux Scenes, doit estre parfaitement beau, puis que les François, qui voudroient toûjours voir de nouueaux Personnages, s'y seroient ennüyez, s'il ne les auoit fort attachez, & diuertis.

Aprés auoir veu le Misantrope déchaîné contre ceux qui font également des protestations d'amitié à tout le Monde, & ceux qui y répondent, auec le mesme emportement; apres l'auoir oüy parler contre sa Partie, & l'auoir veu condamner le Sonnet, & rompre en visiere à son Autheur, on ne pouuoit plus souhaiter que le voir Amoureux, puis que l'Amour doit bien donner de la peine aux Personnes de son Caractére, & que l'on doit en cét état, en esperer quelque chose de plaisant, chacun traitant ordinairement cette Passion selon son temperament; & c'est d'où vient que l'on attribuë tant de choses à l'Amour, qui ne doiuent, souuent, estre attribüées qu'à l'humeur des Hommes.

Si l'on souhaite de voir le Misantrope Amoureux, on doit estre satisfait dans cette Scene, puis qu'il y paroist auec sa Maistresse, mais auec sa hauteur ordinaire à ceux de son Caractére. Il n'est point soûmis, il n'est point languissant, mais il luy découure librement, les defauts qu'il void en elle, & luy reproche qu'elle reçoit bien tout l'Vniuers; & pour Douceurs, il luy dit, qu'il voudroit bien ne la pas aimer, & qu'il ne l'aime que pour ses Pechez. Ce n'est pas qu'auec tous ces discours il ne paroisse aussi Amoureux que les autres, comme nous verrons dans la suite. Pendant leur entretien, quelques Gens viennent visiter sa Maistresse: il voudroit l'obliger à ne les pas voir; & comme elle luy répond, que l'vn d'eux la sert dans vn Procés, il luy dit, qu'elle deuroit perdre sa Cause, plûtost que de les voir.

Il faut demeurer d'accord, que cette pensée ne se peut payer, & qu'il n'y a qu'vn Misantrope qui puisse dire des choses semblables. Enfin, toute la Compagnie arriue ; & le Misantrope conçoit tant de dépit, qu'il veut s'en aller. C'est, icy, où l'Esprit de Moliere se fait remarquer, puis qu'en deux Vers, joints à quelque Action qui marque du dépit, il fait voir ce que peut l'Amour sur le Cœur de tous les Hommes, & sur celuy du Misantrope mesme, sans le faire sortir de son Caractére. Sa Maistresse luy dit deux fois, de demeurer, il témoigne qu'il n'en veut rien faire : & si-tost qu'elle luy donne congé auec vn peu de froideur, il demeure, & montre, en faisant deux ou trois pas pour s'en aller, & en reuenant aussi-tost, que l'Amour, pendant ce temps, combat contre son Caractére, & demeure vainqueur : ce que l'Autheur a fait judicieusement, puis que l'Amour surmonte tout. Ie trouue, encor, vne chose admirable en cet endroit ; c'est la maniere dont les Femmes agissent pour se faire obeïr : & comme vne Femme a le pouuoir de mettre à la raison, vn Homme comme le Misantrope, qui la vient mesme de quereller, en luy disant, *Ie veux que vous demeuriez*, & puis en changeant de ton, *Vous pouuez vous en aller*. Cependant, cela se fait tous les jours : & l'on ne peut le voir mieux representé qu'il est dans cette Scene. Aprés tant de choses si diferentes, & si naturellement, touchées & representées dans l'espace de quatre Vers, on void vne Scene de Conuersation, où se rencontrent deux Marquis, l'Amy du Misantrope, & la Cousine de la Maistresse de ce dernier. La jeune Veufue, chez qui toute la Compagnie se trouue, n'est point fâchée d'auoir la Cour chez elle : & comme elle est bien aise d'en auoir, qu'elle est Politique, & veut ménager tout le Monde, elle n'auoit pas voulu faire dire qu'elle n'y estoit pas aux deux Marquis, comme le souhaitoit le Misantrope. La Conuersation est toute aux despens du Prochain ; & la Coquette médisante, fait voir ce qu'elle sçait, quand il s'agit de le dauber ; & qu'elle est de celles qui déchirent sous main, jusques à leurs meilleurs Amis.

Cette Conuersation fait voir, que l'Autheur n'est pas épüisé, puis qu'on y parle de vingt Caractéres de Gens qui sont admirablement bien dépeints en peu de Vers, chacun ; & l'on peut dire que ce sont autant de Sujets de Comedies que Moliere donne, liberalement, à ceux qui s'en voudront seruir. Le Misantrope soûtient bien son Caractére pendant cette Conuersation, & leur parle auec la liberté qui luy est ordinaire. Elle est à peine finie, qu'il fait vne Action digne de luy, en disant aux deux Marquis, qu'il ne sortira point, qu'ils ne soient sortis ; & il le feroit sans doute, puis que les Gens de son Caractére ne se démentent iamais, s'il n'estoit obligé de suiure vn Garde pour le Diferend qu'il a eu auec Oronte, en condamnant son Sonnet. C'est par où cét Acte finit.

L'ouuerture du troisiéme, se fait par vne Scene entre les deux Marquis, qui disent des choses fort conuenables à leurs Caractéres ; & qui font voir, par les applaudissemens qu'ils reçoiuent, que l'on peut toûjours mettre des Marquis sur la Scene, tant qu'on leur fera dire quelque chose que les autres n'ayent point encor dit. L'accord qu'ils font entr'eux, de se dire les marques d'estime qu'ils receuront de leur Maistresse, est vne adresse de l'Autheur, qui prepare la fin de sa Piece, comme vous remarquerez dans la suite.

Il y a dans le mesme Acte, vne Scene entre deux Femmes, que l'on trouue d'autant plus belle, que leurs Caractéres sont tout à fait opposez, & se font ainsi paroistre l'vn l'autre. L'vne est, la jeune Veufue, aussi Coquette que Médisante ; & l'autre vne Femme qui veut passer pour Prude, & qui dans l'Ame, n'est pas moins du Monde, que la Coquette. Elle donne à cette derniere, des auis charitables sur sa conduite ; la Coquette les reçoit fort bien, en apparence ; & luy dit, à son tour, pour la payer de cette obligation, qu'elle veut l'auertir de ce que l'on dit d'elle, & luy fait vn Tableau de la Vie des feintes Prudes, dont les Couleurs sont aussi fortes, que celles que la Prude auoit employées pour luy representer la Vie des Coquettes : & ce qui doit faire trouuer cette Scene fort agreable, est, que celle qui a parlé la premiere, se fâche, quand l'autre la paye en mesme monoye.

L'on peut asseurer, que l'on void dans cette Scene, tout ce que l'on peut dire de toutes les Femmes, puis qu'elles sont toutes de l'vn ou de l'autre Caractére ; ou que si elles ont quelque chose de plus, ou de moins, ce qu'elles ont a, toûjours, du rapport à l'vn ou à l'autre.

Ces deux Femmes, aprés s'estre parlé à cœur ouuert touchant leurs vies, se separent ; & la Coquette laisse la Prude auec le Misantrope, qu'elle void entrer chez elle. Comme la Prude a de l'Esprit, & qu'elle n'a choisy ce Caractére que pour mieux faire ses affaires, elle tâche par toutes sortes de voyes d'attirer le Misantrope qu'elle aime. Elle le louë, elle parle contre la Coquette, luy veut persuader qu'on le trompe, & la mene chez elle, pour luy en donner des preuues: ce qui donne sujet à vne partie des choses qui se passent au quatriéme Acte.

Cet Acte commence par le recit de l'Accommodement du Misantrope, auec l'Homme du Sonnet, & l'Amy de ce premier en entretient la Cousine de la Coquette. Les Vers de ce Recit sont tout à fait beaux; mais ce que l'on y doit remarquer, est, que le Caractére du Misantrope est soûtenu auec la mesme vigueur qu'il fait paroistre en ouurant la Piece. Ces deux Personnes parlent, quelque temps, des sentimens de leurs Cœurs, & sont interrompuës par le Misantrope mesme, qui paroist furieux & jalous: & l'Auditeur se persuade aisément par ce qu'il a veu dans l'autre Acte, que la Prude, auec qui on l'a veu sortir, luy a inspiré ses sentimens. Le Dépit luy fait faire ce que tous les Hommes feroient en sa place, de quelque humeur qu'ils fussent: il offre son Cœur à la belle Parente de sa Maistresse, mais elle luy fait voir que ce n'est que le Dépit qui le fait parler, & qu'vne Coupable aimée est bientost innocente. Ils le laissent auec sa Maistresse qui paroist, & se retirent.

Ie ne croy pas qu'on puisse rien voir de plus beau que cette Scene. Elle est toute serieuse; & cependant il y en a peu dans la Piece qui diuertissent dauantage. On y void vn Portrait, naturellement, representé, de ce que les Amans font tous les jours, en de semblables rencontres. Le Misantrope paroist d'abord aussi emporté, que jalous; il semble que rien ne peut diminuër sa colere, & que la pleine justification de sa Maistresse ne pourroit qu'auec peine, calmer sa fureur. Cependant, admirez l'adresse de l'Autheur. Ce Ialous, cét Emporté, ce Furieux, paroist tout radoucy, il ne parle que du desir qu'il a de faire du Bien à sa Maistresse: & ce qui eſt admirable, eſt, qu'il luy dit toutes ces choſes auant qu'elle ſe ſoit juſtifiée ; & lors qu'elle luy dit qu'il a raiſon d'eſtre Ialous. C'eſt faire voir ce que peut l'Amour ſur le Cœur de tous les Hommes : & faire connoiſtre, en meſme temps, par vne adreſſe que l'on ne peut aſſez admirer, ce que peuuent les Femmes ſur leurs Amans, en changeant, ſeulement, le ton de leurs voix, & prenant vn air qui paroiſt enſemble, & fier, & attirant. Pour moy, ie ne puis aſſez m'étonner, quand ie voy vne Coquette ramener, auant que s'eſtre juſtifiée, non pas vn Amant ſoûmis, & languiſſant, mais vn Miſantrope ; & l'obliger, non ſeulement, à la priere de ſe juſtifier, mais encor à des proteſtations d'Amour, qui n'ont pour but que le Bien de l'Objet aimé ; &, cependant, demeurer ferme, aprés l'auoir ramené ; & ne le point éclaircir, pour auoir le plaiſir de s'applaudir d'vn plein Triomphe. Voila ce qui s'appelle manier des Scenes : voila ce qui s'appelle trauailler auec Art ; & repreſenter, auec des traits délicats, ce qui ſe paſſe, tous les jours, dans le Monde. Ie ne croy pas que les beautez de cette Scene, ſoient connuës de tous ceux qui l'ont veuë repreſenter. Elle eſt trop délicatement traitée, mais ie puis aſſeurer que tout le Monde a remarqué qu'elle eſtoit bien écrite, & que les Perſonnes d'Eſprit en ont bien ſceu connoiſtre les fineſſes.

Dans le reſte de l'Acte, le Valet du Miſantrope vient chercher ſon Maiſtre, pour l'auertir qu'on luy eſt venu ſignifier quelque choſe qui regarde ſon Procés. Comme l'Eſprit paroiſt auſſi bien dans les petites choſes, que dans les grandes, on en void beaucoup dans cette Scene, puis que le Valet exerce la patience du Miſantrope, & que ce qu'il dit, feroit moins d'effet, s'il eſtoit à vn Maiſtre qui fut d'vn autre humeur.

La *Scene* du Valet, au quatriéme Acte, deuoit faire croire que l'on entendroit, bientost, parler du Procés. Aussi apprend-on, à l'ouuerture du cinquiéme, qu'il est perdu ; & le Misantrope agit selon que i'ay dit au premier. Son Chagrin, qui l'oblige à se promener, & resver, le fait retirer dans vn Coin de la Chambre, d'où il void aussitost entrer sa Maîtresse, accompagnée de l'Homme auec qui il a eu Démeslé pour le Sonnet. Il la presse de se declarer, & de faire vn chois entre luy, & ses Riuaux ; ce qui donne lieu au Misantrope, de faire vne Action qui est bien d'vn Homme de son Caractére. Il sort de l'endroit où il est, & luy fait la mesme prieré. La Coquette agit, toûjours, en Femme adroite, & spirituelle ; & par vn Procedé qui paroist honneste, leur dit, qu'elle sçait bien quel chois elle doit faire, qu'elle ne balance pas ; mais qu'elle ne veut point se declarer en presence de celuy qu'elle ne doit pas choisir. Ils sont interrompus par la Prude, & par les Marquis, qui apportent, chacun, vne Lettre qu'elle a écrite contr'eux : Ce que l'Autheur a preparé dés le troisiéme Acte, en leur faisant promettre qu'ils se montreroient ce qu'ils receuroient de leur Maîtresse. Cette Scene est fort agreable. Tous les Acteurs sont raillez dans les deux Lettres ; & quoy que cela soit nouueau au Theatre, il fait voir, neantmoins, la veritable maniere d'agir des Coquettes médisantes, qui parlent, & écriuent, continuellement, contre ceux qu'elles voyent tous les jours, & à qui elles font bonne mine. Les Marquis la quittent, & luy témoignent plus de mépris, que de colere.

La Coquette paroist vn peu mortifiée dans cette Scene. Ce n'est pas qu'elle démente son Caractére, mais la surprise qu'elle a de se voir abandonnée, &

le chagrin d'apprendre que ſon jeu eſt découuert, luy cauſent vn ſecret dépit qui paroiſt juſques ſur ſon viſage. Cet endroit eſt tout à fait judicieux. Comme la Médiſance eſt vn Vice, il eſtoit neceſſaire, qu'à la fin de la Comedie, elle eût quelque ſorte de punition : & l'Autheur a trouué le moyen de la punir, & de luy faire, en meſme temps, ſoûtenir ſon Caractére. Il ne faut point d'autre preuue, pour montrer qu'elle le ſoûtient, que le refus qu'elle fait d'épouſer le Miſantrope, & d'aller viure dans ſon Deſert. Il ne tient qu'à elle de le faire ; mais leurs humeurs eſtans incompatibles, ils ſeroient trop mal aſſortis ; & la Coquette peut ſe corriger, en demeurant dans le Monde, ſans choiſir vn Deſert pour faire Penitence ; ſon Crime, qui ne part que d'vn Eſprit encor jeune, ne demandant pas qu'elle en faſſe vne ſi grande.

Pour ce qui regarde le Miſantrope, on peut dire qu'il ſoûtient ſon Caractére juſques au bout. Nous en voyons, ſouuent, qui ont bien de la peine à le garder pendant le cours d'vne Comedie : mais ſi, comme i'ay dit tantoſt, celuy-cy a fait connoiſtre le ſien, auant que parler, il fait voir, en finiſſant, qu'il le conſeruera toute ſa vie, en ſe retirant du Monde.

Voila, Monſieur, ce que ie penſe de la Comedie du Miſantrope Amoureux, que ie trouue d'autant plus admirable, que le Héros en eſt le Plaiſant, ſans eſtre trop Ridicule ; & qu'il fait rire les Honneſtes Gens, ſans dire des Plaiſanteries fades, & baſſes, comme l'on a accouſtumé de voir dans les Pieces Comiques. Celles de cette nature, me ſemblent plus diuertiſſantes, encor que l'on y rie moins haut : & ie croy qu'elles diuertiſſent dauantage, qu'elles attachent, & qu'elles font continuëllement rire dans l'Ame. Le Misantrope, malgré sa folie, si l'on peut ainsi appeller son humeur, a le Caractére d'vn Honneste Homme, & beaucoup de fermeté, comme l'on peut connoistre dans l'Affaire du Sonnet. Nous voyons de grands Hommes, dans des Pieces Heroïques, qui en ont bien moins, qui n'ont point de Caractére, & dementent, souuent, au Theatre, par leur lâcheté, la bonne opinion que l'Histoire a fait conceuoir d'eux.

L'Autheur ne represente pas, seulement, le Misantrope, sous ce Caractére, mais il fait, encor, parler à son Héros, d'vne partie des Mœurs du Temps: & ce qui est admirable, est, que bien qu'il paroisse, en quelque façon, Ridicule, il dit des choses fort justes. Il est vray qu'il semble trop exiger; mais il faut demander beaucoup, pour obtenir quelque chose, & pour obliger les Hommes à se corriger vn peu de leurs defauts, il est necessaire de les leur faire paroistre bien grands.

Moliere, par vne Adresse qui luy est particuliere, laisse, par tout, deuiner plus qu'il ne dit: & n'imite pas ceux qui parlent beaucoup, & ne disent rien.

On peut asseurer, que cette Piece est vne perpetüelle, & diuertissante Instruction; qu'il y a des tours, & des dêlicatesses inimitables; que les Vers sont fort beaux, au sentiment de tout le Monde; les Scenes bien tournées, & bien maniées; & que l'on ne peut ne la pas trouuer bonne, sans faire voir que l'on n'est pas de ce Monde, & que l'on ignore la maniere de viure de la Cour, & celle des plus illustres Personnes de la Ville.

Il n'y a rien dans cette Comedie, qui ne puisse estre vtile, & dont l'on ne doiue profiter. L'Amy du Misantrope est si raisonnable, que tout le Monde deuroit l'imiter; il n'est ny trop, ny trop peu Critique ; & ne portant les choses dans l'vn, ny dans l'autre excés, sa Conduite doit estre approuuée de tout le Monde. Pour le Misantrope, il doit inspirer à tous ses Semblables, le desir de se corriger. Les Coquettes médisantes, par l'exemple de Celimene, voyant qu'elles peuuent s'attirer des Affaires qui les feront mépriser, doiuent apprendre à ne pas déchirer, sous main, leurs meilleurs Amis. Les fausses Prudes, doiuent connoistre que leurs grimaces ne seruent de rien ; & que, quand elles seroient aussi sages qu'elles le veulent paroistre, elles seront toûjours blâmées, tant qu'elles voudront passer pour Prudes. Ie ne dis rien des Marquis, ie les croy les plus incorrigibles ; & il y a tant de choses à reprendre, encor, en eux, que tout le Monde auouë, qu'on les peut, encor, joüer longtemps, bien qu'ils n'en demeurent pas d'accord.

Vous trouuerez, sans doute, ma Lettre trop longue ; mais ie n'ay pû m'arrester, & i'ay trouué qu'il estoit difficile de parler sur vn si grand Sujet, en peu de mots. Ce long Discours ne deuroit pas déplaire aux Courtisans, puis qu'ils ont assez fait voir, par leurs applaudissemens, qu'ils trouuoient la Comedie belle. En tout cas, ie n'ay écrit que pour vous ; & i'espere que vous cacherez cecy, si vous jugez qu'il ne vaille pas la peine d'estre montré. Ne craignez pas que i'y trouue à redire ; ie suis autrement soûmis à vostre jugement, qu'Oronte ne l'estoit aux auis du Misantrope.

Extrait du Priuilege du Roy.

PAR Grace & Priuilege du Roy, Donné à Fontainebleau le 21. Iuin 1666. Signé, Par le Roy Conseil, BERAVD: Il est permis à I. B. P. DE MOLIERE, Comedien de la Troupe de Monsieur le Duc d'Orleans, de faire imprimer, vendre, & debiter vne Comedie par luy composée, intitulée, *Le Misantrope*, pendant cinq années: Et defenses sont faites à tous autres, de l'imprimer, ny vendre, d'autre Edition que de celle de l'Exposant, ou de ceux qui auront droict de luy, à peine de quinze cens liures d'amende, confiscation des Exemplaires contrefaits, & de tous despens, dommages & interests, comme il est porté plus amplement par lesdites Lettres.

Et ledit Sieur DE MOLIERE a cedé son droict de Priuilege à IEAN RIBOV, Marchand Libraire à Paris, pour en joüir suiuant l'accord fait entr'eux.

Registré sur le Liure de la Communauté, Signé, PIGET, Syndic.

Acheué d'imprimer pour la premiere fois, le 24. Decembre 1666.

ACTEVRS.

ALCESTE, Amant de Celimene.

PHILINTE, Amy d'Alceſte.

ORONTE, Amant de Celimene.

CELIMENE, Amante d'Alceſte.

ELIANTE, Couſine de Celimene.

ARSINOÉ, Amie de Celimene.

ACASTE, } Marquis.
CLITANDRE, }

BASQVE, Valet de Celimene.

VN GARDE de la Mareſchauſſée de France.

DV BOIS, Valet d'Alceſte.

La Scene eſt à Paris.

LE MISANTROPE.
COMEDIE.

ACTE PREMIER.
SCENE PREMIERE.

PHILINTE, ALCESTE.

PHILINTE.

QV'EST-CE donc? qu'auez-vous?

ALCESTE.

Laissez-moy, ie vous prie.

PHILINTE.

Mais, encor, dites-moy, quelle bizarrerie....

ALCESTE.

Laissez-moy là, vous dis-je, & courez vous cacher.

PHILINTE.

Mais on entend les Gens, au moins, sans se fâcher.

ALCESTE.

Moy, ie veux me fâcher, & ne veux point entendre.

PHILINTE.

Dãs vos brusques chagrins, ie ne puis vous cõprẽdre;
Et quoy qu'amis, enfin, ie suis tous des premiers....

ALCESTE.

Moy, vostre amy? rayez cela de vos papiers.
I'ay fait jusques icy, profession de l'estre;
Mais apres ce qu'en vous, ie viens de voir parestre,
Ie vous declare net, que ie ne le suis plus,
Et ne veux nulle place en des Cœurs corrompus.

PHILINTE.

Ie suis, donc, bien coupable, Alceste, à vostre conte?

ALCESTE,

Allez, vous déuriez mourir de pure honte,
Vne telle action ne sçauroit s'excuser,
Et tout Homme d'honneur s'en doit scandaliser.
Ie vous voir accabler vn Homme de caresses,
Et témoigner, pour luy, les dernieres tendresses;
De protestations, d'offres, & de sermens,
Vous chargez la fureur de vos embrassemens:
Et quãd ie vous demãde aprés, quel est cet Homme,
A peine pouuez-vous dire comme il se nomme,
Vostre chaleur, pour luy, tombe en vous séparant,
Et vous me le traittez, à moy, d'indiférent.
Morbleu, c'est vne chose indigne, lâche, infame,
De s'abaisser ainsi, jusqu'à trahir son Ame:
Et si, par vn malheur, i'en auois fait autant,
Ie m'irois, de regret, pendre tout à l'instant.

PHILINTE.

Ie ne vois pas, pour moy, que le cas soit pendable;
Et ie vous supliray d'auoir pour agreable,

Que ie me fasse vn peu, grace sur vostre Arrest,
Et ne me pende pas, pour cela, s'il vous plaist.

ALCESTE.

Que la plaisanterie est de mauuaise grace!

PHILINTE.

Mais, serieusement, que voulez-vous qu'on fasse?

ALCESTE.

Ie veux qu'on soit sincére, & qu'en Hõme d'honneur,
On ne lâche aucun mot qui ne parte du cœur.

PHILINTE.

Lors qu'vn Homme vous vient embrasser auec joye,
Il faut bien le payer de la mesme monoye,
Répondre, comme on peut, à ses empressemens,
Et rendre offre pour offre, & sermens pour sermens.

ALCESTE.

Non, ie ne puis souffrir cette lâche méthode
Qu'affectent la pluspart de vos Gens à la mode;
Et ie ne hay rien tant, que les contorsions
De tous ces grands Faiseurs de protestations,
Ces affables Donneurs d'embrassades friuoles,
Ces obligeans Diseurs d'inutiles paroles,
Qui de ciuilitez, auec tous, font combat,
Et traitent du mesme air, l'hõneste Hõme, & le Fat.
Quel auantage a-t'on qu'vn Homme vous caresse,
Vous jure amitié, foy, zele, estime, tendresse,
Et vous fasse de vous, vn éloge éclatant,
Lors qu'au premier Faquin, il court en faire autant?
Non, non, il n'est point d'Ame vn peu bien située,
Qui veüille d'vne estime, ainsi, prostituée;
Et la plus glorieuse a des regals peu chers,
Dés qu'on voit qu'õ nous mesle auec tout l'Vniuers:
Sur quelque préference, vne estime se fonde,
Et c'est n'estimer rien, qu'estimer tout le Monde.

Puis que vous y donnez, dans ces Vices du Temps,
Morbleu, vous n'estes pas pour estre de mes Gens;
Ie refuse d'vn Cœur la vaste complaisance,
Qui ne fait de Mérite aucune diférence;
Ie veux qu'on me distingue, & pour le trancher net,
L'Amy du Gẽre Humain n'est point du tout mõ fait.

PHILINTE.

Mais quãd on est du Mõde, il faut bien que l'on rende
Quelques Dehors ciuils, que l'Vsage demande.

ALCESTE.

Non, vous dis-je, on déuroit châtier, sans pitié,
Ce Commerce honteux de Semblans d'Amitié:
Ie veux que l'on soit Hõme, & qu'en toute rẽcontre,
Le fond de nostre cœur, dãs nos discours, se montre;
Que ce soit luy qui parle, & que nos Sentimens
Ne se masquent iamais, sous de vains Complimens.

PHILINTE.

Il est bien des endroits, où la pleine Franchise
Deuiendroit ridicule, & seroit peu permise;
Et, par fois, n'en déplaise à vostre austere Honneur,
Il est bon de cacher ce qu'on a dans le cœur.
Seroit-il à propos, & de la Bienseance,
De dire à mille Gens tout ce que d'eux, on pense?
Et quãd on a quelqu'vn qu'on hait, ou qui déplaist,
Luy doit-on declarer la chose comme elle est?

ALCESTE.

Oüy.

PHILINTE.

Quoy! vous iriez dire à la vieille Emilie,
Qu'à son âge, il sied mal de faire la jolie?
Et que le blanc qu'elle a, scandalise chacun?

ALCESTE.

Sans doute.

PHILINTE.

A Dorilas, qu'il est trop importun?
Et qu'il n'est à la Cour, oreille qu'il ne lasse,
A conter sa brauoure, & l'éclat de sa Race?

ALCESTE.

Fort bien.

PHILINTE.

Vous vous moquez.

ALCESTE.

Ie ne me moque point,
Et ie vais n'épargner personne sur ce poinct.
Mes yeux sont trop blessez ; & la Cour, & la Ville,
Ne m'offrent rien qu'objets à m'échaufer la Bile:
I'entre en vne humeur noire, en vn chagrin profōd,
Quād ie vois viure entr'eux, les Hōmes cōm'ils font;
Ie ne trouue, par tout, que lâche Flaterie,
Qu'Injustice, Interest, Trahison, Fourberie;
Ie n'y puis plus tenir, i'enrage, & mon dessein
Est de rompre en visiere à tout le Genre Humain.

PHILINTE.

Ce chagrin Philosophe est vn peu trop sauuage,
Ie ris des noirs accés où ie vous enuisage;
Et crois voir, en nous deux, sous mémes soins nouris,
Ces deux Fréres que peint l'Ecole des Maris,
Dont....

ALCESTE.

Mon Dieu, laissons-là, vos comparaisons fades.

PHILINTE.

Non, tout de bon, quittez toutes ces incartades,
Le Monde, par vos soins, ne se changera pas;
Et puis que la Franchise a, pour vous, tant d'appas,
Ie vous diray tout franc, que cette maladie,
Par tout où vous allez, donne la Comédie,

Et qu'vn si grãd courroux cõtre les Mœurs du Tẽps,
Vous tourne en Ridicule auprés de bien des Gens.

ALCESTE.

Tant mieux, morbleu, tant mieux, c'est ce que ie de- (mande,
Ce m'est vn fort bõ signe, & ma joye en est grande:
Tous les Hommes me sont, à tel poinct, odieux,
Que ie serois fâché d'estre sage à leurs yeux.

PHILINTE.

Vous voulez vn grand mal à la Nature Humaine!

ALCESTE.

Oüy, i'ay conçeu pour elle, vne éfroyable haine.

PHILINTE.

Tous les pauvres Mortels, sans nulle exception,
Seront enuelopez dans cette auersion?
Encor, en est-il bien, dans le Siecle où nous sõmes...

ALCESTE.

Non, elle est generale, & ie hais tous les Hommes:
Les vns, parce qu'ils sont méchans, & mal-faisans;
Et les autres, pour estre aux Méchans, complaisans,
Et n'auoir pas, pour eux, ces haines vigoureuses.
Que doit donner le Vice aux Ames vertueuses.
De cette Complaisance, on voit l'injuste excés,
Pour le franc Scelerat auec qui i'ay procés;
Au trauers de son masque, on voit à plein le Traistre,
Par tout, il est connu pour tout ce qu'il peut estre;
Et ses roulemens d'yeux, & son ton radoucy,
N'imposent qu'à des Gens qui ne sont point d'icy.
On sçait que ce Pié-plat, digne qu'on le confonde,
Par de sales Emplois, s'est poussé dans le Monde:
Et que, par eux, son Sort, de splendeur reuestu,
Fait gronder le Mérite, & rougir la Vertu.
Quelques Titres hõteux qu'en tous lieux on luy dõne,
Son miserable Hõneur ne voit, pour luy, Personne:

Nommez-le Fourbe, Infame, & Scelerat maudit,
Tout le Monde en conuient, & nul n'y contredit.
Cependant, sa grimace est, par tout, bien venuë,
On l'accueille, on luy rit; par tout, il s'insinuë;
Et s'il est, par la Brigue, vn Rang à disputer,
Sur le plus honneste Homme, on le voit l'emporter.
Testebleu, ce me sont de mortelles blessures,
De voir qu'auec le Vice on garde des mesures;
Et, par fois, il me prend des mouuemens soudains,
De fuir, dans vn Desert, l'approche des Humains.

PHILINTE.

Mon Dieu, des Mœurs du Tẽps, mettõs-nous moins en peine,
Et faisons vn peu grace à la Nature Humaine;
Ne l'examinons point dans la grande rigueur,
Et voyons ses defauts, auec quelque douceur.
Il faut, parmy le Monde, vne Vertu traitable,
A force de Sagesse on peut estre blâmable,
La parfaite Raison fuit toute extremité,
Et veut que l'on soit sage auec sobrieté.
Cette grande roideur des Vertus des vieux Ages,
Heurte trop nostre Siecle, & les communs Vsages,
Elle veut aux Mortels, trop de perfection,
Il faut fléchir au Temps, sans obstination;
Et c'est vne folie, à nulle autre, séconde,
De vouloir se mesler de corriger le Monde.
I'obserue, comme vous, cent choses, tous les jours,
Qui pourroient mieux aller, prenãt vn autre cours:
Mais quoy qu'à chaque pas, ie puisse voir parestre,
En courroux, cõme vous, on ne me voit point estre;
Ie prens, tout doucement, les Hõmes cõme ils sont,
I'accoûtume mon Ame à souffrir ce qu'ils font;
Et ie crois qu'à la Cour, de mesme qu'à la Ville,
Mon Flegme est Philosophe, autant que vostre Bile.

ALCESTE.

Mais ce Flegme, Monsieur, qui raisonne si bien,
Ce flegme, pourra-t'il ne s'échaufer de rien?
Et s'il faut, par hazard, qu'vn Amy vous trahisse,
Que pour auoir vos Biens, on dresse vn artifice,
Ou qu'on tâche à semer de méchans bruits de vous,
Verrez vous tout cela, sans vous mettre en courroux?

PHILINTE.

Oüy, ie vois ces Defauts dont vostre ame murmure,
Comme Vices vnis à l'Humaine Nature;
Et mon esprit, enfin, n'est pas plus offencé,
De voir vn Homme fourbe, injuste, interessé,
Que de voir des Vautours affamez de carnage,
Des Singes mal-faisans, & des Loups pleins de rage.

ALCESTE.

Ie me verray trahir, mettre en pieces, voler,
Sans que ie sois.... Morbleu, ie ne veux point parler,
Tant ce raisonnement est plein d'impertinence.

PHILINTE.

Ma foy, vous ferez bien de garler le silence;
Contre vostre Partie, éclatez vn peu moins,
Et donnez au Procés, vne part de vos soins.

ALCESTE.

Ie n'en donneray point, c'est vne chose dite.

PHILINTE.

Mais qui voulez vous, donc, qui, pour vous, sollicite?

ALCESTE.

Qui ie veux! la Raison, mon bon Droict, l'Equité.

PHILINTE.

Aucun Iuge, par vous, ne sera visité?

ALCESTE.

Non, est-ce que ma Cause est injuste, ou douteuse?

PHILINTE.

I'en demeure d'accord, mais la Brigue est fâcheuse,

Et....

ALCESTE.

Non, i'ay résolu de n'en pas faire vn pas;
I'ay tort, ou i'ay raison.

PHILINTE.

Ne vous y fiez pas.

ALCESTE.

Ie ne remûray point.

PHILINTE.

Vostre Partie est forte,
Et peut, par sa Cabale, entraîner....

ALCESTE.

Il n'importe.

PHILINTE.

Vous vous tromperez.

ALCESTE.

Soit, i'en veux voir le succés.

PHILINTE.

Mais....

ALCESTE.

I'auray le plaisir de perdre mon Procés.

PHILINTE.

Mais, enfin....

ALCESTE.

Ie verray dans cette Plaiderie,
Si les Hommes auront assez d'éfronterie,
Seront assez méchans, scelerats, & peruers,
Pour me faire injustice aux yeux de l'Vniuers.

PHILINTE.

Quel Homme!

ALCESTE.

Ie voudrois, m'en coûtast-il grand' chose,
Pour la beauté du Fait, auoir perdu ma Cause.

PHILINTE.

On se riroit de vous, Alceste, tout de bon,
Si l'on vous entendoit parler de la façon.

ALCESTE.

Tant pis pour qui riroit.

PHILINTE.

Mais cette Rectitude
Que vous voulez, en tout, auec exactitude,
Cette pleine Droiture où vous vous renfermez,
La trouuez-vous icy, dans ce que vous aimez?
Ie m'étône, pour moy, qu'estant, cõme il le semble,
Vous, & le Genre Humain, si fort broüillez ensemble,
Malgré tout ce qui peut vous le rendre odieux,
Vous ayez pris, chez luy, ce qui charme vos yeux:
Et ce qui me surprend, encore, dauantage,
C'est cet étrange Chois où vostre Cœur s'engage.
La sincére Eliante a du penchant pour vous,
La prude Arsinoé vous voit d'vn œil fort doux:
Cependant, à leurs vœux, vostre ame se refuse,
Tandis qu'en ses liens Celimene l'amuse,
De qui l'humeur coquette, & l'esprit médisant,
Semble si fort donner dans les Mœurs d'à-present!
D'où vient que leur portant vne haine mortelle,
Vous pouuez bien souffrir ce qu'en tient cette Belle?
Ne sont-ce plus Defauts dans vn Objet si doux?
Ne les voyez-vous pas? ou les excusez-vous?

ALCESTE.

Non, l'amour que ie sens pour cette jeune Veuue,
Ne ferme point mes yeux aux defauts qu'õ luy treuue;
Et ie suis, quelque ardeur qu'elle m'ait pû donner,
Le premier à les voir, comme à les condamner.
Mais, auec tout cela, quoy que ie puisse faire,
Ie confesse mon foible, elle a l'art de me plaire;

I'ay beau voir ses defauts & i'ay beau l'en blâmer,
En dépit qu'on en ait, elle se fait aimer;
Sa grace est la plus forte, &, sans doute, ma flame,
De ces Vices du Temps pourra purger son ame.

PHILINTE.

Si vous faites cela, vous ne ferez pas peu.
Vous croyez estre, donc, aimé d'elle?

ALCESTE.

Oüy, parbleu;
Ie ne l'aimerois pas, si ie ne croyois l'estre.

PHILINTE.

Mais si son amitié, pour vous, se fait parestre,
D'où vient que vos Riuaux vous causent de l'ennuy?

ALCESTE.

C'est qu'vn cœur biẽ atteint veut qu'õ soit tout à luy;
Et ie ne viens icy, qu'à dessein de luy dire
Tout ce que là-dessus, ma passion m'inspire.

PHILINTE.

Pour moy, si ie n'auois qu'à former des desirs,
La Cousine Eliante auroit tous mes soûpirs,
Son Cœur, qui vous estime, est solide, & sincere;
Et ce Choisplus cõforme, estoit mieux vostre affaire.

ALCESTE.

Il est vray, ma Raison me le dit chaque jour;
Mais la Raison n'est pas ce qui regle l'Amour.

PHILINTE.

Ie crains fort pour vos Feux, & l'espoir où vous estes,
Pourroit....

SCENE II.

ORONTE, ALCESTE, PHILINTE.

ORONTE.

I'Ay sçeu là-bas que, pour quelques Emplettes
Eliante est sortie, & Celimene aussy:
Mais, comme l'on m'a dit que vous estiez icy,
I'ay monté, pour vous dire, & d'vn cœur véritable,
Que i'ay conçeu pour vous, vne estime incroyable;
Et que, depuis long-temps, cette estime m'a mis
Dans vn ardent desir d'estre de vos Amis.
Oüy, mon Cœur, au Mérite, aime à rendre iustice,
Et ie brûle qu'vn nœud d'Amitié nous vnisse:
Ie crois qu'vn Amy chaud, & de ma Qualité,
N'est pas, asseurément, pour estre rejetté.
C'est à vous, s'il vous plaist, que ce discours s'adresse.

En cét endroit Alceste parêt tout rêueur, & semble n'entendre pas qu'Oronte luy parle.

ALCESTE.

A moy, Monsieur?

ORONTE.

A vous. Trouuez-vous qu'il vous blesse?

ALCESTE.

Non pas, mais la surprise est fort grande pour moy,
Et ie n'attendois pas l'honneur que ie reçoy.

ORONTE.

L'estime où ie vous tiẽs ne doit point vous surprẽdre,
Et de tout l'Vniuers, vous la pouuez prétendre.

ALCESTE.

Monſieur....

ORONTE.

L'Eſtat n'a rien qui ne ſoit au deſſous
Du Mérite éclatant que l'on découure en vous.

ALCESTE.

Monſieur....

ORONTE.

Oüy, de ma part, ie vous tiens préferable
A tout ce que i'y vois de plus conſidérable.

ALCESTE.

Monſieur....

ORONTE.

Sois-je du Ciel écraſé, ſi ie mens;
Et pour vous confirmer icy, mes Sentimens,
Souffrez qu'à cœur ouuert, Mõſieur, ie vous embraſſe,
Et qu'en voſtre Amitié, ie vous demande place.
Touchez-là, s'il vous plaiſt, vous me la promettez
Voſtre Amitié?

ALCESTE.

Monſieur....

ORONTE.

Quoy! vous y reſiſtez?

ALCESTE.

Mõſieur, c'eſt trop d'hõneur que vous me voulez faire;
Mais l'Amitié demande vn peu plus de myſtére,
Et c'eſt, aſſeurément, en profaner le nom,
Que de vouloir le mettre à toute occaſion.
Auec lumiere & chois, cette vnion veut naiſtre,
Auant que nous lier, il faut nous mieux connaiſtre;
Et nous pourrions auoir telles compléxions,
Que tous deux, du Marché, nous nous repentirions.

ORONTE.

Parbleu, c'est là-dessus, parler en Homme sage,
Et ie vous en estime, encore, dauantage:
Soufrõs, dõc, que le Tẽps forme des nœuds si doux,
Mais, cependant, ie m'offre entiérement à vous;
S'il faut faire à la Cour, pour vous, quelqu'ouuerture,
On sçait, qu'auprés du Roy, ie fais quelque Figure,
Il m'écoute, & dans tout, il en vse, ma foy,
Le plus honestement du Monde, auecque moy.
Enfin, ie suis à vous, de toutes les maniéres;
Et, comme vostre Esprit a de grandes lumiéres,
Ie viens, pour cõmencer, entre nous, ce beau nœud,
Vous montrer vn Sonnet, que i'ay fait depuis peu,
Et sçauoir s'il est bon qu'au Public ie l'expose.

ALCESTE.

Monsieur, ie suis mal propre à décider la chose,
Veüillez m'en dispenser.

ORONTE.

Pourquoy?

ALCESTE.

I'ay le defaut
D'estre vn peu plus sincére, en cela, qu'il ne faut.

ORONTE.

C'est ce que ie demande, & i'aurois lieu de plainte,
Si m'exposant à vous, pour me parler, sans feinte,
Vous alliez me trahir, & me déguiser rien.

ALCESTE.

Puis qu'il vous plaist ainsi, Monsieur, ie le veux bien.

ORONTE.

Sonnet... C'est vn Sonnet. *L'Espoir*... C'est vne Dame,
Qui, de quelque espérance, auoit flaté ma flame.
L'Espoir... Ce ne sõt point de ces grãds Vers põpeux,
Mais de petits Vers doux, tendres, & langoureux.

A toutes ces interruptions il regarde Alceste.

ALCESTE.

Nous verrons bien.

ORONTE.

L'Espoir... Ie ne sçay si le stile
Pourra vous en paroistre assez net, & facile;
Et si, du chois des Mots, vous vous contenterez.

ALCESTE.

Nous allons voir, Monsieur.

ORONTE.

Au reste, vous sçaurez,
Que ie n'ay demeuré qu'vn quart-d'heure à le faire.

ALCESTE.

Voyons, Monsieur, le Temps ne fait rien à l'affaire.

ORONTE.

L'Espoir, il est vray, nous soulage,
Et nous berce vn temps, nostre ennuy:
Mais, Philis, le triste auantage,
Lors que rien ne marche apres luy!

PHILINTE.

Ie suis déja charmé de ce petit morceau.

ALCESTE.

Quoy! vous auez le front de trouuer cela beau?

ORONTE.

Vous eustes de la Complaisance,
Mais vous en deuiez moins auoir;
Et ne vous pas mettre en dépense,
Pour ne me donner que l'Espoir.

PHILINTE.

Ah! qu'en termes galans, ces choses-là sont mises!

ALCESTE *bas.*

Morbleu, vil Complaisant, vous loüez des Sottises?

ORONTE.

S'il faut qu'vne attente éternelle
Pousse à bout, l'ardeur de mon zele,
Le Trépas sera mon recours.

Vos soins ne m'en peuuent distraire;
Belle Philis, on desespere,
Alors qu'on espere toûjours.

PHILINTE.

La chûte en est jolie, amoureuse, admirable.

ALCESTE *bas.*

La peste de ta chûte! Empoisonneur au Diable,
En eusses-tu fait vne à te casser le nez.

PHILINTE.

Ie n'ay iamais oüy de Vers si bien tournez.

ALCESTE.

Morbleu....

ORONTE.

Vous me flatez, & vous croyez, peut-estre...

PHILINTE.

Non, ie ne flate point.

ALCESTE *bas.*

Et que fais-tu, donc, Traistre?

ORONTE.

Mais, pour vous, vous sçauez quel est nostre Traité;
Parlez-moy, ie vous prie, auec sincérité.

ALCESTE.

Monsieur, cette matiere est toûjours délicate,
Et, sur le bel Esprit, nous aimons qu'on nous flate:
Mais vn jour, à quelqu'vn, dont ie tairay le nom,
Ie disois, en voyant des Vers de sa façon,
Qu'il faut qu'vn galãt hõme ait toûjours grãd empire
Sur les demangeaisons qui nous prenent d'écrire;

Qu'il doit tenir la bride aux grands empressemens
Qu'on a de faire éclat de tels amusemens;
Et que, par la chaleur de montrer ses Ouurages,
On s'expose à joüer de mauuais Personnages.

ORONTE.

Est-ce que vous voulez me declarer, par là,
Que i'ay tort de vouloir....

ALCESTE.

Ie ne dis pas cela:
Mais ie luy disois, moy, qu'vn froid Ecrit assomme,
Qu'il ne faut que ce Foible, à décrier vn Homme;
Et qu'eust-on, d'autre-part, cent belles Qualitez,
On regarde les Gens, par leurs méchans costez.

ORONTE.

Est-ce qu'à mon Sonnet, vous trouuez à redire?

ALCESTE.

Ie ne dis pas cela; mais, pour ne point écrire,
Ie luy mettois aux yeux, comme dans nostre Temps,
Cette Soif a gasté de fort Honnestes Gens.

ORONTE.

Est-ce que i'écris mal? & leur ressemblerois-je?

ALCESTE.

Ie ne dis pas cela; mais, enfin, luy disois-je,
Quel besoin, si pressant, auez-vous de Rimer?
Et qui, diantre, vous pousse à vous faire Imprimer?
Si l'on peut pardonner l'essor d'vn mauuais Liure,
Ce n'est qu'aux Malheureux, qui cõposẽt pour viure.
Croyez-moy, resistez à vos tentations,
Dérobez au Public, ces Occupations;
Et n'allez point quitter, dequoy que l'on vous sõme,
Le Nom que, dãs la Cour, vous auez d'hõneste Hõme,
Pour prendre, de la main d'vn auide Imprimeur,
Celuy de ridicule, & misérable Autheur.
C'est ce que ie tâchay de luy faire comprendre.

ORONTE.

Voila qui va fort bien, & ie croy vous entendre.
Mais ne puis-je sçauoir ce que dans mon Sonnet....

ALCESTE.

Franchement, il est bon à mettre au Cabinet;
Vous vous estes reglé sur de méchans Modelles,
Et vos Expressions ne sont point naturelles.

Qu'est ce que *nous berce vn temps, nostre ennuy*,
Et *que rien ne marche apres luy?*
Que *ne vous pas mettre en dépense,*
Pour ne me donner que l'Espoir?
Et que *Philis, on desespere,*
Alors qu'on espere toûjours?

Ce Stile figuré, dont on fait vanité,
Sort du bon Caractére, & de la Vérité;
Ce n'est que jeu de Mots, qu'affectation pure,
Et ce n'est point ainsi, que parle la Nature.
Le méchant Goust du Siecle, en cela, me fait peur,
Nos Peres, tous grossiers, l'auoiĕt beaucoup meilleur;
Et ie prise bien moins, tout ce que l'on admire,
Qu'vne vieille Chanson, que ie m'en vay vous dire.

SI le Roy m'auoit donnē
Paris sa grand' Ville,
Et qu'il me fallût quitter
L'amour de ma Mïe;
Ie dirois au Roy Henry,
Reprenez vostre Paris,
I'aime mieux ma Mie, au gué;
I'aime mieux ma Mie.

La Rime n'est pas riche, & le Stile en est vieux:
Mais ne voyez-vous pas, que cela vaut bien mieux
Que ces Colifichets, dont le bon Sens murmure,
Et que la Passion parle là, toute pure?

Si le Roy m'auoit donné
Paris sa grand' Ville,
Et qu'il me fallût quitter
L'amour de ma Mie;
Ie dirois au Roy Henry,
Reprenez vostre Paris,
I'aime mieux ma Mie, au gué,
I'aime mieux ma Mie.

Voila ce que peut dire vn Coeur vrayment épris.
Oüy, Monsieur le Rieur, malgré vos beaux Esprits,
I'estime plus cela, que la Pompe fleurie *à Alceste.*
De tous ces faux Brillans, où chacun se récrie.

ORONTE.

Et moy, ie vous soûtiens que mes Vers sõt fort bons.

ALCESTE.

Pour les trouuer ainsi, vous auez vos Raisons;
Mais vous trouuerez bõ, que i'en puisse auoir d'autres
Qui se dispenseront de se soûmettre aux vôtres.

ORONTE.

Il me suffit de voir que d'autres en font cas.

ALCESTE.

C'est qu'ils ont l'Art de feindre; & moy, ie ne l'ay pas.

ORONTE.

Croyez-vous, donc, auoir tant d'Esprit en partage?

ALCESTE.

Si ie loüois vos Vers, i'en aurois dauantage.

ORONTE.

Ie me passeray bien que vous les approuuiez.

ALCESTE.

Il faut bien, s'il vous plaist, que vous vous en passiez,

ORONTE.

Ie voudrois bien, pour voir, que de vostre maniere
Vous en composassiez sur la mesme Matiere.

ALCESTE.

I'en pourrois, par malheur, faire d'aussi méchans;
Mais ie me garderois de les montrer aux Gens.

ORONTE.

Vous me parlez bien ferme, & cette suffisance....

ALCESTE.

Autre-part que chez moy, cherchez qui vous encēse.

ORONTE.

Mais, mōpetit Mōsieur, prenez-le vn peu moins haut.

ALCESTE.

Ma foy, mon grād Mōsieur, ie le prens cōme il faut.

PHILINTE *se mettant entre-deux.*

Eh! Messieurs, c'en est trop, laissez cela, de grace.

ORONTE.

Ah! i'ay tort, ie l'auouë, & ie quitte la place;
Ie suis vostre Valet, Monsieur, de tout mon cœur.

ALCESTE.

Et moy, ie suis, Monsieur, vostre humble Seruiteur.

SCENE III.

PHILINTE, ALCESTE.

PHILINTE.

HE' bien, vous le voyez, pour estre trop sincére,
Vous voila sur les bras, vne fâcheuse Affaire;
Et i'ay bien veu qu'Oronte, afin d'estre flaté....

ALCESTE.

Ne me parlez pas.

PHILINTE.

Mais....

ALCESTE.

Plus de société.

PHILINTE.

C'est trop....

ALCESTE.

Laissez-moy là.

PHILINTE.

Si ie....

ALCESTE.

Point de langage.

PHILINTE.

Mais quoy....

ALCESTE.

Ie n'entens rien.

PHILINTE.

Mais....

ALCESTE,

Encor.

PHILINTE.

On outrage....

ALCESTE.

Ah! parbleu, c'en eſt trop, ne ſuiuez point mes pas,

PHILINTE.

Vous vous moquez de moy, ie ne vous quitte pas.

Fin du Premier Acte.

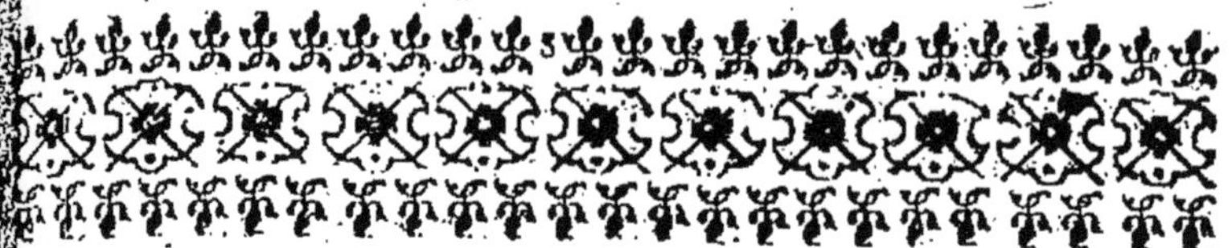

ACTE II.

SCENE PREMIERE.

ALCESTE, CELIMENE.

ALCESTE.

Madame, voulez-vous que ie vous parle net?
De vos façons d'agir, ie suis mal satisfait:
Contr'elles, dans mon Cœur, trop de Bile s'assemble,
Et ie sens qu'il faudra que nous rompiõs ensemble.
Oüy, ie vous tromperois, de parler autrement,
Tost, ou tard, nous romprons, indubitablement;
Et ie vous promettrois, mille fois, le contraire,
Que ie ne serois pas en pouuoir de le faire.

CELIMENE.

C'est pour me quereller, donc, à ce que ie voy,
Que vous auez voulu me ramener chez moy?

ALCESTE.

Je ne querelle point; mais vostre humeur, Madame,
Ouure, au premier venu, trop d'accés dãs vostre Ame;
Vous auez trop d'Amans, qu'on voit vous obseder,
Et mon cœur, de cela, ne peut s'accommoder.

CELIMENE.

Des Amans que ie fais, me rendez-vous coupable?
Puis-je empescher les Gens, de me trouuer aimable?
Et lors que, pour me voir, ils font de doux efforts,
Dois-je prendre vn Baston, pour les mettre dehors?

ALCESTE.

Non, ce n'est pas, Madame, vn Baston qu'il faut (prendre,
Mais vn Cœur, à leurs vœux, moins facile, & moins tendre.
Ie sçay que vos Appas vous suiuent en tous Lieux,
Mais vostre accueil retient ceux qu'attirẽt vos yeux;
Et sa douceur offerte à qui vous rend les Armes,
Acheue, sur les Cœurs, l'Ouurage de vos Charmes.
Le trop riant Espoir que vous leur présentez,
Attache, autour de vous, leurs assidüitez;
Et vostre Complaisance, vn peu moins étenduë,
De tant de Soûpirans chasseroit la Cohuë.
Mais, au moins, dites-moy, Madame, par quel Sort,
Vostre Clitandre a l'heur de vous plaire si fort?
Sur quel fonds de Mérite, & de Vertu sublime,
Appüyez-vous, en luy, l'honneur de vostre Estime?
Est-ce par l'Ongle long, qu'il porte au petit Doigt,
Qu'il s'est acquis, chez vous, l'Estime où l'on le voit?
Vous estes-vous renduë, auec tout le beau Monde,
Au mérite éclatant de sa Perruque blonde?
Sont-ce ses grands Canons, qui vous le font aimer?
L'amas de ses Rubans a-t'il sçeu vous charmer?
Est-ce par les appas de sa vaste Reingraue,
Qu'il a gagné vostre Ame, en faisant vostre Esclaue?
Ou sa façon de rire, & son ton de Faucet,
Ont-ils, de vous toucher, sçeu trouuer le secret?

CELIMENE.

Qu'injustement, de luy, vous prenez de l'ombrage!
Ne sçauez-vous pas bien, pourquoy ie le ménage?

Et

Et que, dans mon Procés, ainsi qu'il m'a promis,
Il peut interesser tout ce qu'il a d'Amis.

ALCESTE.

Perdez vostre Procés, Madame, auec constance,
Et ne ménagez point vn Riual qui m'offence.

CELIMENE.

Mais, de tout l'Vniuers, vous deuenez jalous.

ALCESTE.

C'est que tout l'Vniuers est bien reçeu de vous.

CELIMENE.

C'est ce qui doit r'asseoir vostre Ame éfarouchée,
Puis que ma Complaisance est sur tous épanchée:
Et vous auriez plus lieu de vous en offencer,
Si vous me la voyiez, sur vn seul, ramasser.

ALCESTE.

Mais, moy, que vous blâmez de trop de jalousie,
Qu'ay-je de plus qu'eux tous, Madame, ie vous prie?

CELIMENE.

Le bonheur de sçauoir que vous estes aimé.

ALCESTE.

Et quel lieu de le croire, à mon Cœur enflamé?

CELIMENE.

Ie pense qu'ayant pris le soin de vous le dire,
Vn aueu de la sorte, a dequoy vous suffire.

ALCESTE.

Mais qui m'assûrera que, dans le mesme instant,
Vous n'en disiez, peut-estre, aux autres tout autant?

CELIMENE.

Certes, pour vn Amant, la Fleurette est mignonne,
Et vous me traitez, là, de gentille Personne.
Hé bien, pour vous oster d'vn semblable soucy,
De tout ce que i'ay dit, ie me dédis icy:
Et rien ne sçauroit plus vous trõper, que vous-méme;
Soyez content.

ALCESTE.

Morbleu, faut-il que ie vous aime?
Ah! que si, de vos Mains, ie r'atrape mon Cœur,
Ie beniray le Ciel, de ce rare Bonheur!
Ie ne le cele pas, ie fais tout mon possible
A rompre, de ce Cœur, l'attachement terrible;
Mais mes plusgrãds éforts n'ont rien fait, jusqu'icy,
Et c'est, pour mes Pechez, que ie vous aime ainsi.

CELIMENE.

Il est vray, vostre ardeur est, pour moy, sans seconde,

ALCESTE.

Oüy, ie puis, là-dessus, défier tout le Monde,
Mon amour ne se peut conceuoir, & iamais,
Personne n'a, Madame, aimé comme ie fais.

CELIMENE.

En effet, la Méthode en est toute nouuelle,
Car vous aimez les Gens, pour leur faire querelle;
Ce n'est qu'en Mots fâcheux, qu'éclate vostre ardeur,
Et l'on n'a veu iamais, vn Amour si grondeur.

ALCESTE.

Mais il ne tient qu'à vous, que son chagrin ne passe;
A tous nos Démeslez, coupons chemin, de grace,
Parlons à Cœur ouuert, & voyons d'arrester....

SCENE II.

CELIMENE, ALCESTE, BASQVE.

CELIMENE.

QV'est-ce?

BASQVE.

Acaste est là-bas.

CELIMENE.

Hé bien, faites monter.

ALCESTE.

Quoy! l'on ne peut iamais, vous parler, teste, à teste?
A receuoir le Monde, on vous voit toûjours preste?
Et vous ne pouuez pas, vn seul moment de tous,
Vous résoudre à souffrir de n'estre pas chez vous?

CELIMENE.

Voulez-vous, qu'auec luy, ie me fasse vne Affaire?

ALCESTE.

Vous auez des Regards qui ne sçauroient me plaire.

CELIMENE.

C'est vn Homme à iamais, ne me le pardonner,
S'il sçauoit que sa veuë eust pû m'importuner.

ALCESTE.

Et que vous fait cela, pour vous gesner de sorte....

CELIMENE.

Mon Dieu! de ses Pareils, la Bienveillance importe,
Et ce sont de ces Gens qui, ie ne sçay comment,
Ont gagné, dans la Cour, de parler hautement.
Dans tous les Entretiens, on les voit s'introduire;
Ils ne sçauroient seruir, mais ils peuuent vous nuire;

Et iamais, quelqu'apuy qu'on puisse auoir d'ailleurs,
On ne doit se broüiller auec ces grands Brailleurs.

ALCESTE.

Enfin, quoy qu'il en soit, & surquoy qu'on se fonde,
Vous trouuez des Raisõs pour souffrir tout le Mõde;
Et les précautions de vostre jugement....

SCENE III.

BASQVE, ALCESTE, CELIMENE.

BASQVE.

Voicy Clitandre, encor, Madame.

ALCESTE.

Il témoigne s'en vouloir aller. Iustement.

CELIMENE.

Où courez-vous?

ALCESTE.

Ie sors.

CELIMENE.

Demeurez.

ALCESTE.

Pourquoy faire?

CELIMENE.

Demeurez.

ALCESTE.

Ie ne puis.

CELIMENE.

Ie le veux.

ALCESTE.

Point d'affaire;

Ces Conuersations ne font que m'ennüyer;
Et c'est trop, que vouloir me les faire essüyer.
CELIMENE.
Ie le veux, ie le veux.
ALCESTE.
Non, il m'est impossible.
CELIMENE.
Hé bien, allez, sortez, il vous est tout loisible.

SCENE IV.

ELIANTE, PHILINTE, AGASTE, CLITANDRE, ALCESTE, CELIMENE, BASQVE.

ELIANTE.
VOicy les deux Marquis, qui montent auec nous;
Vous l'est-on venu dire?
CELIMENE.
à Alceste. Oüy, des Siéges pour tous.
Vous n'estes pas sorty?
ALCESTE.
Non, mais ie veux, Madame,
Ou pour eux, ou pour moy, faire expliquer vostre (Ame.
CELIMENE.
Taisez-vous.
ALCESTE.
Aujourd'huy, vous vous expliquerez.
CELIMENE.
Vous perdez le sens.

ALCESTE.

Point, Vous vous déclarerez.

CELIMENE.

Ah!

ALCESTE.

Vous prendrez Party.

CELIMENE.

Vous vous moquez, ie pense.

ALCESTE.

Non, mais vous choisirez, c'est trop de patience.

CLITANDRE.

Parbleu, ie viens du Louure, où Cleonte, au Leué,
Madame, a bien paru, Ridicule acheué.
N'a-t'il point quelqu'Amy qui pût, sur ses Maniéres,
D'vn charitable Auis, luy prester les lumiéres?

CELIMENE.

Dans le Monde, à vray dire, il se barboüille fort;
Par tout, il porte vn Air qui saute aux yeux, d'abord;
Et lors qu'on le reuoit, aprés vn peu d'absence,
On le retrouue, encor, plus plein d'extrauagance.

ACASTE.

Parbleu, s'il faut parler de Gens extrauagans,
Ie viens d'en essüyer vn des plus fatigans;
Damon, le Raisonneur, qui m'a, ne vous déplaise,
Vne heure, au grand Soleil, tenu hors de ma Chaise.

CELIMENE.

C'est vn Parleur étrange, & qui trouue, toûjours,
L'Art de ne vous rien dire, auec de grands Discours.
Dans les Propos qu'il tiẽt, on ne voit iamais goute,
Et ce n'est que du Bruit, que tout ce qu'on écoute.

ELIANTE *à Philinte*.

Ce Début n'est pas mal; &, contre le Prochain,
La Conuersation prend vn assez bon train.

CLITANDRE.

Timante, encor, Madame, est vn bon Caractére!

CELIMENE.

C'est, de la Teste aux Pieds, vn Hõme tout Mystere,
Qui vous jette, en passant, vn coup d'œil égaré,
Et, sans aucune Affaire, est toûjours affairé.
Tout ce qu'il vous debite, en grimaces, abonde;
A force de façons, il assomme le Monde;
Sans cesse il a, tout bas, pour rompre l'Entretien,
Vn Secret à vous dire, & ce Secret n'est rien;
De la moindre Vetille, il fait vne Merueille,
Et, jusques au Bonjour, il dit tout à l'oreille.

ACASTE.

Et Geralde, Madame?

CELIMENE.

O l'ennuyeux Conteur!
Iamais, on ne le voit sortir du Grand Seigneur;
Dans le brillant Commerce, il se mesle, sans cesse,
Et ne cite iamais, que Duc, Prince, ou Princesse.
La Qualité l'enteste, & tous ses Entretiens
Ne sont que de Cheuaux, d'Equipage, & de Chiens;
Il tutaye, en parlant, ceux du plus haut Etage,
Et le nom de Monsieur, est, chez luy, hors d'vsage.

CLITANDRE.

On dit qu'auec Belise, il est du dernier Bien.

CELIMENE.

Le pauure Esprit de Femme! & le sec Entretien!
Lors qu'elle vient me voir, ie souffre le Martyre,
Il faut süer, sans cesse, à chercher que luy dire;
Et la sterilité de son Expression,
Fait mourir, à tous coups, la Conuersation.
En vain, pour attaquer son stupide silence,
De tous les Lieux cõmuns, vous prenez l'assistance;

Le beau Temps, & la Plüye, & le Froid, & le Chau;
Sont des Fonds, qu'auec elle, on épüise bientost.
Cependant, sa visite, assez insuportable,
Traisne en vne longueur, encor, épouuantable;
Et l'on demande l'heure, & l'on bâille vingt fois,
Qu'elle grouille aussi peu qu'vne Piece de Bois.

ACASTE.

Que vous semble d'Adraste?

CELIMENE.

Ah! quel orgueil extréme!
C'est vn Homme gonflé de l'amour de soy-méme,
Son Mérite, jamais, n'est content de la Cour,
Contr'elle, il fait mestier de pester chaque jour;
Et l'on ne donne Employ, Charge, ny Benéfice,
Qu'à tout ce qu'il se croid, on ne fasse injustice.

CLITANDRE.

Mais le jeune Cleon, chez qui vont, aujourd'huy,
Nos plus honnestes Gens, que dites-vous de luy?

CELIMENE.

Que de son Cüisinier, il s'est fait vn Mérite,
Et que c'est à sa Table, à qui l'on rend Visite.

ELIANTE.

Il prend soin d'y seruir des Mets fort délicats.

CELIMENE.

Oüy, mais ie voudrois bien qu'il ne s'y seruît pas,
C'est vn fort méchant Plat, que sa sotte Personne,
Et qui gaste, à mõ goust, tous les Repas qu'il donne.

PHILINTE.

On fait assez de cas de son Oncle Damis;
Qu'en dites-vous, Madame?

CELIMENE.

Il est de mes Amis.

PHILINTE.

Ie le trouue hõneste Homme, & d'vn air assez sage.

CELIMENE.

Oüy, mais il veut auoir trop d'Esprit, dont i'enrage;
Il est guindé sans cesse; &, dans tous ses propos,
On void qu'il se trauaille à dire de bons Mots.
Depuis que dans la teste, il s'est mis d'estre habile,
Rien ne touche son goust, tant il est difficile;
Il veut voir des Defauts à tout ce qu'on écrit,
Et pense que loüer, n'est pas d'vn bel Esprit.
Que c'est estre Sçauant, que trouuer à redire;
Qu'il n'appartiẽt qu'aux Sots, d'admirer, & de rire;
Et qu'en n'approuuãt rien des Ouurages du Temps,
Il se met au dessus de tous les autres Gens.
Aux Conuersations, mesme il trouue à reprendre,
Ce sont Propos trop bas, pour y daigner descendre;
Et, les deux bras croisez, du haut de son Esprit,
Il regarde en pitié, tout ce que chacun dit.

ACASTE.

Dieu me damne, voila son Portrait véritable.

CLITANDRE.

Pour bien peindre les Gens, vous estes admirable!

ALCESTE.

Allons, ferme, poussez, mes bons Amis de Cour,
Vous n'en épargnez point, & chacun à son tour.
Cependant, aucun d'eux, à vos yeux, ne se montre,
Qu'on ne vous voye en haste, aller à sa rencontre,
Luy présenter la main, & d'vn baiser flateur,
Appüyer les Sermens d'estre son Seruiteur.

CLITANDRE.

Pourquoy s'en prẽdre à nous? Si ce qu'on dit, vous blesse,
Il faut que le reproche, à Madame, s'adresse.

ALCESTE.

Non, morbleu, c'est à vous; & vos Ris complaisans
Tirent de son Esprit, tous ces traits médisans;

Son Humeur Satyrique est sans cesse nourrie
Par le coupable Encens de vostre Flaterie;
Et son Cœur, à railler, trouueroit moins d'appas,
S'il auoit obserué qu'on ne l'applaudist pas.
C'est ainsi qu'aux Flateurs, on doit, par tout, se prẽdre
Des Vices où l'on void les Humains se répandre.

PHILINTE.

Mais pourquoy, pour ces Gens, vn intérest si grand,
Vous, qui condamneriez, ce qu'en eux on reprend?

CELIMENE.

Et ne faut-il pas bien que Monsieur contredise?
A la commune voix, veut-on qu'il se réduise?
Et qu'il ne fasse pas éclater, en tous lieux,
L'Esprit contrariant, qu'il a receu des Cieux?
Le Sentiment d'autruy, n'est iamais, pour luy plaire,
Il prend, toûjours, en main, l'opinion contraire;
Et penseroit paroistre vn Homme du commun,
Si l'on voyoid qu'il fût de l'auis de quelqu'vn.
L'honneur de cõtredire, a, pour luy, tãt de charmes,
Qu'il prẽd, cõtre luy-mesme, assez souuẽt, les armes;
Et ses vrais Sentimens sont combatus par luy,
Aussi-tost qu'il les void dans la bouche d'Autruy.

ALCESTE.

Les Rieurs sont pour vous, Madame, c'est tout dire;
Et vous pouuez pousser, contre moy, la Satyre.

PHILINTE.

Mais il est veritable, aussi, que vostre Esprit
Se gendarme, toûjours, contre tout ce qu'on dit;
Et que, par vn chagrin, que luy-mesme il auouë,
Il ne sçauroit souffrir qu'on blâme, ny qu'on louë.

ALCESTE.

C'est que iamais, morbleu, les Hõmes n'ont raison,
Que le Chagrin, contr'eux, est toûjours de Saison,

Et que ie voy qu'ils sont, sur toutes les Affaires,
Loüeurs impertinens, ou Censeurs témeraires.

CELIMENE.

Mais....

ALCESTE.

Non, Madame, non, quand i'en deurois mourir,
Vous auez des Plaisirs que ie ne puis souffrir;
Et l'on a tort, icy, de nourrir dans vostre Ame,
Ce grand attachement aux Defauts qu'on y blâme.

CLITANDRE.

Pour moy, ie ne sçay pas; mais i'auoûray, tout haut,
Que i'ay crû, jusqu'icy, Madame sans Defaut.

ACASTE.

De Graces, & d'Attraits, ie voy qu'elle est pourueuë;
Mais les Defauts qu'elle a, ne frapēt point ma veuë.

ALCESTE.

Ils frapent tous la mienne, & loin de m'en cacher,
Elle sçait que i'ay soin de les luy reprocher.
Plus on aime quelqu'vn, moins il faut qu'on le flate;
A ne rien pardonner, le pur Amour éclate;
Et ie bannirois, moy, tous ces lâches Amans,
Que ie verrois soûmis à tous mes Sentimens,
Et dont, à tous propos, les moles Complaisances
Donneroient de l'Encens à mes Extrauagances.

CELIMENE.

Enfin, s'il faut qu'à vous, s'en raportent les Cœurs,
On doit, pour bien aimer, renoncer aux Douceurs;
Et du parfait Amour, mettre l'Honneur supréme,
A bien injurier les Personnes qu'on aime.

ELIANTE.

L'Amour, pour l'ordinaire, est peu fait à ces Loix,
Et l'on void les Amans vanter, toûjours, leur Chois:
Iamais, leur Passion n'y void rien de blâmable,
Et dans l'Objet aimé, tout leur deuient aimable;

Ils comptent les Defauts pour des Perfections,
Et sçauent y donner de fauorables Noms.
La Pâle, est aux Iasmins, en blancheur, comparable;
La Noire, à faire peur, vne Brune adorable;
La Maigre, a de la taille, & de la liberté;
La Grasse, est, dans son Port, pleine de Majesté;
La Mal-propre, sur soy, de peu d'Attraits chargée,
Est mise sous le nom de Beauté negligée;
La Géante, paroist vne Déesse aux yeux;
La Naine, vn Abregé des Merueilles des Cieux;
L'Orgueilleuse, a le Cœur digne d'vne Couronne;
La Fourbe, a de l'Esprit; la Sotte, est toute bonne;
La Trop Grande Parleuse, est d'agreable Humeur;
Et la Müette, garde vne honneste Pudeur.
C'est ainsi, qu'vn Amant, dont l'ardeur est extréme,
Aime, jusqu'aux Defauts des Personnes qu'il aime.

ALCESTE.

Et moy, ie soûtiens, moy....

CELIMENE.

Brisons-là, ce discours,
Et dans la Galerie, allons faire deux tours.
Quoy! vous vous en allez, Messieurs?

CLITANDRE & ACASTE.

Non pas, Madame.

ALCESTE.

La peur de leur depart, occupe fort vostre Ame;
Sortez, quãd vous voudrez, Messieurs; mais i'auertis,
Que ie ne sors qu'aprés que vous serez sortis.

ACASTE.

A moins de voir Madame en estre importunée,
Rien ne m'appelle, ailleurs, de toute la journée.

CLITANDRE.

Moy, pourueu que ie puisse estre au petit Couché,
Ie n'ay point d'autre Affaire, où ie sois attaché.

CELIMENE.

C'est pour rire, ie croy.

ALCESTE.

Non, en aucune sorte,
Nous verrõs, si c'est moy, que vous voudrez qui sorte.

SCENE V.

BASQVE, ALCESTE, CELIMENE, ELIANTE, ACASTE, PHILINTE, CLITANDRE.

BASQVE.

Monsieur, vn Homme est là, qui voudroit vous parler,
Pour Affaire, dit-il, qu'on ne peut reculer.

ALCESTE.

Dy-luy, que ie n'ay point d'Affaires si pressées.

BASQVE.

Il porte vne Iaquette, à grand' Basques plissées,
Auec du Dor dessus.

CELIMENE.

Allez voir ce que c'est,
Ou bien, faites-le entrer.

ALCESTE.

Qu'est-ce, donc, qu'il vous plaist?
Venez, Monsieur.

SCENE VI.

GARDE, ALCESTE, CELIMENE, ELIANTE, ACASTE, PHILINTE, CLITANDRE.

GARDE.

Monſieur, i'ay deux Mots à vous dire.

ALCESTE.

Vous pouuez parler haut, Monſieur, pour m'en inſ-(truire.

GARDE.

Meſſieurs les Mareſchaux, dont i'ay cōmandement,
Vous mandent de venir les trouuer promptement,
Monſieur.

ALCESTE.

Qui? moy, Monſieur?

GARDE.

Vous-meſme.

ALCESTE.

Et pourquoy faire?

PHILINTE.

C'eſt d'Oronte, & de Vous, la ridicule Affaire.

CELIMENE.

Comment?

PHILINTE.

Oronte, & luy, ſe ſont tantoſt brauez,
Sur certains petits Vers, qu'il n'a pas approuuez;
Et l'on veut aſſoupir la choſe, en ſa naiſſance.

ALCESTE.

Moy, ie n'auray, iamais, de lâche Complaiſance.

PHILINTE.

Mais il faut suiure l'Ordre, allons, disposez-vous....

ALCESTE.

Quel accommodement veut-on faire entre nous?
La Voix de ces Messieurs, me condamnera-t'elle
A trouuer bons les Vers qui font nostre Querelle?
Ie ne me dédis point de ce que i'en ay dit,
Ie les trouue méchans.

PHILINTE.

Mais d'vn plus doux Esprit....

ALCESTE.

Ie n'en démordray point, les Vers sont exécrables.

PHILINTE.

Vous deuez faire voir des Sentimens traitables;
Allons, venez.

ALCESTE.

I'iray, mais rien n'aura pouuoir
De me faire dédire.

PHILINTE.

Allons vous faire voir.

ALCESTE.

Hors qu'vn Cōmandement exprés du Roy me viēne,
De trouuer bons les Vers, dont on se met en peine,
Ie soûtiēdray, toûjours, morbleu, qu'ils sōt mauuais,
Et qu'vn Homme est pendable, apres les auoir faits.

A Clitandre & Acaste, qui rient.

Par la sangbleu, Messieurs, ie ne croyois pas estre
Si plaisant que ie suis.

CELIMENE.

Allez viste parestre
Où vous deuez.

ALCESTE.

I'y vais, Madame, &, sur mes pas,
Ie reuiens en ce Lieu, pour vuider nos Debats.

Fin du Second Acte.

ACTE III.

SCENE PREMIERE.

CLITANDRE, ACASTE.

CLITANDRE.

CHER Marquis, ie te voy l'Ame bien satisfaite,
Toute chose t'égaye, & rien ne t'inquiete.
En bonne-foy, crois-tu, sans t'ébloüir les yeux,
Auoir de grands sujets de paroistre joyeux?

ACASTE.

Parbleu, ie ne voy pas, lors que ie m'examine,
Où prendre aucun sujet d'auoir l'Ame chagrine.
I'ay du bien, ie suis jeune, & sors d'vne Maison
Qui se peut dire Noble, auec quelque raison;
Et ie croy, par le Rang que me donne ma Race,
Qu'il est fort peu d'Emplois, dõt ie ne sois en passe.
Pour le Cœur, dont, sur tout, nous deuons faire cas,
On sçait, sans vanité, que ie n'en manque pas;
Et l'on m'a veu pousser, dans le Monde, vne Affaire,
D'vne assez vigoureuse, & gaillarde maniere.

Pour de l'Esprit, i'en ay, sans doute, & du bon goust,
A juger sans Etude, & raisonner de tout;
A faire aux Nouueautez, dont ie suis idolâtre,
Figure de Sçauant, sur les Bancs du Theatre;
Y décider, en Chef, & faire du Fracas
A tous les beaux Endroits qui meritent des Has.
Ie suis assez adroit, i'ay bon air, bonne mine,
Les Dents belles, sur tout, & la taille fort fine.
Quant à se mettre bien, ie croy, sans me flater,
Qu'on seroit mal-venu, de me le disputer.
Ie me voy dans l'Estime, autant qu'on y puisse estre,
Fort aimé du beau Sexe, & bien aupres du Maistre:
Ie croy, qu'auec cela, mon cher Marquis, ie croy,
Qu'on peut, par tout Païs, estre content de soy.

CLITANDRE.

Oüy, mais trouuant ailleurs, des Conquestes faciles,
Pourquoy pousser icy, des soûpirs inutiles?

ACASTE.

Moy? parbleu, ie ne suis de taille, ny d'humeur,
A pouuoir, d'vne Belle, essüyer la froideur.
C'est aux Gens mal-tournez, aux Mérites vulgaires,
A brûler, constamment, pour des Beautez seueres;
A languir à leurs piez, & souffrir leurs rigueurs,
A chercher le secours des soûpirs, & des pleurs,
Et tâcher, par des soins d'vne tres-longue suite,
D'obtenir ce qu'on nie à leur peu de mérite.
Mais les Gens de mon air, Marquis, ne sõt pas faits,
Pour aimer à crédit, & faire tous les frais.
Quelque rare que soit le mérite des Belles,
Ie pense, Dieu mercy, qu'on vaut son prix, cõm'elles;
Que pour se faire hõneur d'vn Cœur cõme le mien,
Ce n'est pas la raison qu'il ne leur coûte rien;
Et qu'au moins, à tout mettre en de justes Balances,
Il faut, qu'à frais communs, se fassent les auances.

CLITANDRE.

Tu penses, donc, Marquis, estre fort bien icy?

ACASTE.

I'ay quelque lieu, Marquis, de le penser ainsy.

CLITANDRE.

Croy-moy, détache-toy de cette erreur extréme;
Tu te flates, mon Cher, & t'aueugles toy-méme.

ACASTE.

Il est vray, ie me flate, & m'aueugle, en effet.

CLITANDRE.

Mais, qui te fait juger ton bonheur si parfait?

ACASTE.

Ie me flate.

CLITANDRE.

Surquoy fonder tes Conjectures?

ACASTE.

Ie m'aueugle.

CLITANDRE.

En as-tu des preuues qui soient seures?

ACASTE.

Ie m'abuse, te dis-je.

CLITANDRE.

Est-ce que de ses vœux,
Celimene t'a fait quelques secrets aueus?

ACASTE.

Non, ie suis mal-traité.

CLITANDRE.

Répond-moy, ie te prie.

ACASTE.

Ie n'ay que des rebuts.

CLITANDRE.

Laissons la raillerie,
Et me dis quel espoir on peut t'auoir donné?

ACASTE.

Ie suis le Miserable, & toy le Fortuné,
On a, pour ma Personne, vne auersion grande,
Et quelqu'vn de ces jours, il faut que ie me pende.

CLITANDRE.

O çà, veux-tu, Marquis, pour ajuster nos vœux,
Que nous tôbions d'accord d'vne chose, tous deux?
Que qui pourra montrer vne marque certaine,
D'auoir meilleure part au Cœur de Celimene,
L'autre icy, fera place au Vainqueur prétendu,
Et le déliurera d'vn Riual assidu?

ACASTE.

Ah! parbleu, tu me plais, auec vn tel langage,
Et du bon de mon cœur, à cela ie m'engage.
Mais chut.

SCENE II.

CELIMENE, ACASTE, CLITANDRE.

CELIMENE.

ENcor, icy?

CLITANDRE.

L'Amour retient nos pas.

CELIMENE.

Ie viens d'oüir entrer vn Carosse là-bas,
Sçauez-vous qui c'est?

CLITANDRE.

Non.

SCENE III.

BASQVE, CELIMENE, ACASTE, CLITANDRE.

BASQVE.

Arsinoé, Madame,
Monte icy, pour vous voir.

CELIMENE.

Que me veut cette Femme?

BASQVE.

Eliante, là-bas, est à l'entretenir.

CELIMENE.

Dequoy s'auise-t'elle ? & qui la fait venir ?

ACASTE.

Pour Prude consommée, en tous Lieux, elle passe;
Et l'ardeur de son zele....

CELIMENE.

Oüy, oüy, franche Grimace,
Dãs l'Ame, elle est du Mõde, & ses soins tentent tout,
Pour acrocher quelqu'vn, sans en venir à bout.
Elle ne sçauroit voir, qu'auec vn œil d'enuie,
Les Amans declarez, dont vne autre est suiuie;
Et son triste Mérite, abandonné de tous,
Contre le Siecle aueugle, est toûjours en courroux.
Elle tâche à couurir, d'vn faux Voile de Prude,
Ce que, chez elle, on void d'affreuse Solitude;
Et pour sauuer l'honneur de ses foibles Appas,
Elle attache du Crime, au Pouuoir qu'ils n'ont pas.

Cependant, vn Amant plairoit fort à la Dame,
Et mesme, pour Alceste, elle a tendresse d'Ame;
Ce qu'il me rend de soins, outrage ses Attraits,
Elle veut que ce soit vn Vol que ie luy fais;
Et son jalous dépit, qu'auec peine, elle cache,
En tous endroits, sous main, cõtre moy se détache.
Enfin, ie n'ay rien veu de si sot, à mon gré,
Elle est impertinente au supréme Degré,
Et....

SCENE IV.

ARSINOE', CELIMENE.

CELIMENE.

AH! quel heureux Sort, en ce Lieu, vous amene?
Madame, sans mentir, i'estois de vous, en peine.

ARSINOE'.

Ie viens, pour quelque auis que i'ay crû vous deuoir.

CELIMENE.

Ah! mon Dieu, que ie suis contente de vous voir!

ARSINOE'.

Leur depart ne pouuoit, plus à propos, se faire.

CELIMENE.

Voulons-nous nous asseoir?

ARSINOE'.

Il n'est pas necessaire,
Madame; l'Amitié doit sur tout éclater
Aux choses, qui le plus, nous peuuent importer;
Et cõme il n'en est point de plus grãde importance,
Que celles de l'Honneur, & de la Bienseance,

Ie viens, par vn auis qui touche vostre Honneur,
Témoigner l'amitié que, pour vous, a mon Cœur.
Hier, i'estois chez des Gens, de Vertu singuliére,
Où, sur vous, du Discours, on tourna la matiére;
Et là, vostre Condüite, auec ses grands éclats,
Madame, eût le malheur, qu'on ne la loüa pas.
Cette foule de Gens, dont vous souffrez visite,
Vostre Galanterie, & les brüits qu'elle excite;
Trouuerent des Censeurs plus qu'il n'auroit fallu,
Et bien plus rigoureux que ie n'eusse voulu.
Vous pouues bien péser quel Party ie sçeus prendre;
Ie fis ce que ie pûs, pour vous pouuoir defendre,
Ie vous excusay fort sur vostre intention,
Et voulus, de vostre Ame, estre la Caution.
Mais vous sçauez qu'il est des Choses dans la vie,
Qu'on ne peut excuser, quoy qu'on en ait enuie;
Et ie me vis contrainte à demeurer d'accord,
Que l'air dont vous viuiez, vous faisoit vn peu tort.
Qu'il prenoit, dans le Monde, vne méchante face,
Qu'il n'est côte fâcheux que par tout on n'en fasse;
Et que, si vous vouliez, tous vos déportemens
Pouroiẽt moins dõner prise aux mauuais jugemens.
Non que i'y croye, au fonds, l'Honnesteté blessée,
Me preserue le Ciel d'en auoir la pensée;
Mais, aux ombres du Crime, on preste aisément foy,
Et ce n'est pas assez, de bien viure pour soy.
Madame, ie vous croy l'Ame trop raisonnable,
Pour ne pas prendre bien, cet auis profitable;
Et pour l'attribüer qu'aux mouuemens secrets
D'vn zele qui m'attache à tous vos interests.

CELIMENE.

Madame, i'ay beaucoup de graces à vous rendre,
Vn tel auis m'oblige, & loin de le mal prendre,

I'en prétens reconnoiſtre, à l'inſtant, la faueur,
Par vn auis, auſſi, qui touche voſtre Honneur:
Et, comme ie vous vois vous montrer mon Amie,
En m'apprenant les brüits que de moy l'on publie,
Ie veux ſuiure, à mon tour, vn exemple ſi doux,
En vous auertiſſant, de ce qu'on dit de vous.
En vn Lieu, l'autre jour, où ie faiſois viſite,
Ie trouuay quelques Gens, d'vn tres-rare mérite,
Qui parlant des vrais Soins d'vne Ame qui vit bien,
Firent tomber, ſur vous, Madame, l'entretien.
Là, voſtre Pruderie, & vos éclats de zele,
Ne furent pas citez comme vn fort bon Modele:
Cette affectation d'vn graue Extérieur,
Vos Diſcours eternels de Sageſſe, & d'Honneur,
Vos mines, & vos cris, aux Ombres d'indécence,
Que d'vn Mot ambigu, peut auoir l'Innocence;
Cette hauteur d'Eſtime où vous eſtes de vous,
Et ces yeux de pitié, que vous jettez ſur tous;
Vos fréquentes Leçons, & vos aigres Cenſures,
Sur des choſes qui ſont innocentes, & pures;
Tout cela, ſi ie puis vous parler franchement,
Madame, fut blâmé, d'vn commun Sentiment.
A quoy bon, diſoient-ils, cette Mine modeſte,
Et ce ſage Dehors, que dément tout le reſte?
Elle eſt, à bien prier, exacte au dernier point,
Mais elle bat ſes Gens, & ne les paye point.
Dans tous les Lieux deuots, elle étale vn grãd Zele,
Mais elle met du blanc, & veut paroiſtre belle;
Elle fait des Tableaux couurir les Nuditez,
Mais elle a de l'amour pour les Realitez.
Pour moy, contre chacun, ie pris voſtre defence,
Et leur aſſeuray fort, que c'eſtoit Médiſance;
Mais tous les Sentimens combatirent le mien,
Et leur concluſion fut, que vous feriez bien,

De prendre moins de soin des Actions des autres,
Et de vous mettre, vn peu, plus en peine des vôtres,
Qu'on doit se regarder soyméme, vn fort lõgtemps,
Auant que de songer à condamner les Gens;
Qu'il faut mettre le poids d'vne Vie exemplaire,
Dans les Corrections qu'aux autres, on veut faire;
Et qu'encor, vaut-il mieux s'en remettre au besoin,
A ceux à qui le Ciel en a commis le Soin.
Madame, ie vous crois, aussi, trop raisonnable,
Pour ne pas prendre bien, cet auis profitable,
Et pour l'attribüer qu'aux mouuemens secrets,
D'vn zele qui m'attache à tous vos interests.

ARSINOE'.

A quoy, qu'en reprenant, on soit assujettie,
Ie ne m'attendois pas à cette repartie,
Madame, & ie vois bien, par ce qu'elle a d'aigreur,
Que mon sincére auis vous a blessée au cœur.

CELIMENE.

Au contraire, Madame, & si l'on estoit sage,
Ces auis mutüels seroient mis en vsage;
On détrüiroit, par là, traitant de bonne foy,
Ce grand aueuglement, où chacun est pour soy.
Il ne tiendra qu'à vous, qu'auec le mesme zele,
Nous ne continüyons cet office fidelle;
Et ne prenions grand soin de nous dire, entre nous,
Ce que nous entendrons, vous de moy, moy de vous.

ARSINOE'.

Ah! Madame, de vous, ie ne puis rien entendre;
C'est en moy que l'on peut trouuer fort à reprendre.

CELIMENE.

Madame, on peut, ie croy, loüer, & blâmer tout,
Et chacun a raison, suiuant l'âge, ou le goût:
Il est vne Saison pour la Galanterie,
Il en est vne, aussi, propre à la Pruderie;

On peut, par Politique, en prendre le party,
Quand de nos jeunes ans, l'éclat est amorty;
Cela sert à couurir de fâcheuses disgraces.
Ie ne dis pas, qu'vn jour, ie ne suiue vos traces,
L'Age amenera tout, & ce n'est pas le temps,
Madame, cõme on sçait, d'estre Prude à vingt ans.

ARSINOE'.

Certes, vous vous targuez d'vn bien foible Auãtage,
Et vous faites sonner, terriblement, vostre Age:
Ce que, de plus que vous, on en pourroit auoir,
N'est pas vn si grand cas, pour s'en tant préualoir;
Et ie ne sçay pourquoy, vostre Ame, ainsi, s'emporte,
Madame, à me pousser de cette étrange sorte?

CELIMENE.

Et moy, ie ne sçay pas, Madame, aussi, pourquoy,
On vous void, en tous Lieux, vous déchaîner sur moy?
Faut-il de vos chagrins, sãs cesse, à moy vous prẽdre?
Et puis-je mais des Soins qu'on ne va pas vous rẽdre?
Si ma Personne, aux Gens, inspire de l'amour,
Et si l'on continuë à m'offrir, chaque jour,
Des vœux que vôtre Cœur peut souhaiter qu'õ m'oste,
Ie n'y sçaurois que faire, & ce n'est pas ma faute;
Vous auez le Champ libre, & ie n'empesche pas,
Que pour les attirer, vous n'ayez des Appas.

ARSINOE'.

Helas! & croyez-vous que l'on se mette en peine
De ce nombre d'Amans dont vous faites la vaine:
Et qu'il ne nous soit pas fort aisé de juger,
A quel prix, aujourd'huy, l'on peut les engager?
Pensez-vous faire croire, à voir comme tout roule,
Que vostre seul Mérite attire cette foule?
Qu'ils ne brûlẽt, pour vous, que d'vn hõneste amour,
Et que, pour vos Vertus, ils vous font tous la Cour?

On ne s'aueugle point par de vaines défaites,
Le Mõde n'eſt point Dupe, & i'en void qui sõt faites
A pouuoir inſpirer de tendres Sentimens,
Qui, chez elles, pourtant, ne fixent point d'Amans;
Et de là, nous pouuons tirer des conſéquences
Qu'on n'aquiert point leurs Cœurs, ſans de grandes auances;
Qu'aucun, pour nos beaux yeux, n'eſt nôtre Soûpirãt,
Et qu'il faut acheter tous les Soins qu'õ nous rend.
Ne vous enflez, donc, point d'vne ſi grande gloire,
Pour les petits Brillans d'vne foible Victoire;
Et corrigez, vn peu, l'orgüeil de vos Appas,
De traiter, pour cela, les Gens de haut en bas.
Si nos yeux enuioient les Conqueſtes des vôtres,
Ie penſe qu'on pourroit faire comme les autres,
Ne ſe point ménager, & vous faire bien voir,
Que l'on a des Amans, quand on en veut auoir.

CELIMENE.

Ayez-en, donc, Madame, & voyons cette Affaire,
Par ce rare Secret, efforcez-vous de plaire:
Et ſans....

ARSINOE'.

Briſons, Madame, vn pareil Entretien,
Il pouſſeroit trop loin voſtre Eſprit, & le mien:
Et i'aurois pris, déja, le congé qu'il faut prendre,
Si mon Caroſſe, encor, ne m'obligeoit d'attendre.

CELIMENE.

Autant qu'il vous plaira, vous pouuez arreſter,
Madame, & là-deſſus, rien ne doit vous haſter:
Mais, ſans vous fatiguer de ma cérémonie,
Ie m'en vais vous donner meilleure Compagnie;
Et Monſieur, qu'à propos, le Hazard fait venir,
Remplira mieux ma place à vous entretenir.

Alceste, il faut que i'aille écrire vn mot de Lettre,
Que, sans me faire tort, ie ne sçaurois remettre;
Soyez auec Madame, elle aura la bonté
D'excuser, aisément, mon inciuilité.

SCENE V.

ALCESTE, ARSINOE.

ARSINOE'.

VOus voyez, elle veut que ie vous entretienne,
Attẽdant, vn momẽt, que mon Carosse vienne;
Et iamais tous ses soins ne pouuoient m'offrir rien,
Qui me fut plus charmant, qu'vn pareil Entretien.
En verité, les Gens d'vn Mérite sublime,
Entraînent de chacun, & l'amour, & l'estime;
Et le vostre, sans doute, a des Charmes secrets,
Qui font entrer mon Cœur dans tous vos interests.
Ie voudrois que la Cour, par vn regard propice,
A ce que vous valez, rendist plus de justice:
Vous auez à vous plaindre, & ie suis en courroux,
Quãd ie voy, chaque jour, qu'õ ne fait riẽ pour vous.

ALCESTE.

Moy, Madame! & sur quoy pourois-je en riẽ prétẽdre?
Quel Seruice, à l'Estat, est-ce qu'on m'a veu rendre?
Qu'ay-je fait, s'il vous plaist, de si brillant de soy,
Pour me plaindre à la Cour, qu'õ ne fait riẽ pour moi?

ARSINOE'.

Tous ceux, sur qui la Cour jette des yeux propices,
N'ont pas, toûjours, rendu de ces fameux Seruices;

Il faut l'Occasion, ainsi que le Pouuoir:
Et le Mérite, enfin, que vous nous faites voir,
Deuroit....

ALCESTE.

Mon Dieu! laissons mon Mérite, de grace;
Dequoy voulez-vous, là, que la Cour s'embarasse?
Elle auroit fort à faire, & ses Soins seroient grands,
D'auoir à déterrer le Mérite des Gens.

ARSINOE'.

Vn Mérite éclatant se déterre luy-méme;
Du vostre, en bien des Lieux, on fait vn cas extréme;
Et vous sçaurez, de moy, qu'en deux fort bõs endroits,
Vous fûtes hier, loüé par des Gens d'vn grãd poids.

ALCESTE.

Eh! Madame, l'on loüe, aujourd'huy, tout le Monde,
Et le Siecle, par là, n'a rien qu'on ne confonde;
Tout est d'vn grand Mérite également doüé,
Ce n'est plus vn Honneur, que de se voir loüé;
D'Eloges, on regorge; à la teste, on les jette,
Et mon Valet de Chambre est mis dans la Gazette.

ARSINOE'.

Pour moy, ie voudrois bien, que pour vous montrer (mieux,
Vne Charge, à la Cour, vous pût fraper les yeux:
Pour peu que d'y songer, vous nous fassiez les mines,
On peut, pour vous seruir, remüer des Machines;
Et i'ay des Gẽs en main, que i'emploiray pour vous,
Qui vous feront, à tout, vn Chemin assez doux.

ALCESTE.

Et que voudriez-vous, Madame, que i'y fisse?
L'humeur dõt ie me sens, veut que ie m'en bannisse;
Le Ciel ne m'a point fait, en me donnant le Iour,
Vne Ame compâtible auec l'Air de la Cour.
Ie ne me trouue point les Vertus necessaires
Pour y bien reüssir, & faire mes affaires.

Estre franc, & sincére, est mon plus grand Talent,
Ie ne sçais point joüer les Hommes en parlant;
Et qui n'a pas le don de cacher ce qu'il pense,
Doit faire, en ce Païs, fort peu de residence.
Hors de la Cour, sans doute, on n'a pas cet appüy,
Et ces Titres d'Honneur, qu'elle donne aujourd'huy;
Mais on n'a pas, aussi, perdant ces Auantages,
Le chagrin de joüer de fort sots Personnages.
On n'a point à souffrir mille rebuts crüels,
On n'a point à loüer les Vers de Messieurs Tels,
A donner de l'Encens à Madame vne Telle,
Et de nos francs Marquis, essüyer la ceruelle.

ARSINOE'.

Laissons, puis qu'il vous plaist, ce Chapitre de Cour,
Mais il faut que mon Cœur vous plaigne en vostre amour;
Et pour vous découurir, là-dessus, mes pensées,
Ie souhaiterois fort vos ardeurs mieux placées:
Vous méritez, sãs doute, vn Sort beaucoup plus doux;
Et celle qui vous charme, est indigne de vous.

ALCESTE.

Mais, en disant cela, songez-vous, ie vous prie,
Que cette Personne est, Madame, vostre Amie?

ARSINOE'.

Oüy, mais ma Conscience est blessée en effet,
De souffrir, plus long-tẽps, le tort que l'on vous fait:
L'estat où ie vous vois, afflige trop mon Ame,
Et ie vous donne auis, qu'on trahit vostre flame.

ALCESTE.

C'est me mõtrer, Madame, vn tendre mouuement;
Et de pareils auis obligent vn Amant.

ARSINOE'.

Oüy, toute mon Amie, elle est, & ie la nomme
Indigne d'asseruir le Cœur d'vn galant Homme;

Et le ſien n'a, pour vous, que de feintes douceurs.

ALCESTE.

Cela ſe peut, Madame, on ne void pas les Cœurs;
Mais voſtre charité ſe ſeroit bien paſſée
De jetter, dans le mien, vne telle penſée.

ARSINOÉ.

Si vous ne voulez pas eſtre deſabuſé,
Il faut ne vous rien dire, il eſt aſſez aiſé.

ALCESTE.

Non; mais ſur ce ſujet, quoy que l'on nous expoſe,
Les doutes ſont fâcheux, plus que toute autre choſe;
Et ie voudrois, pour moy, qu'on ne me fiſt ſçauoir
Que ce, qu'auec clarté, l'on peut me faire voir.

ARSINOÉ.

Hé bien, c'eſt aſſez dit; &, ſur cette matiére,
Vous allez receuoir vne pleine lumiére.
Oüy, ie veux que de tout, vos yeux vous faſſent foy,
Dõnez-moy, ſeulement, la main juſques chez moy,
Là, ie vous feray voir vne preuue fidelle
De l'infidelité du Cœur de voſtre Belle;
Et ſi, pour d'autres yeux, le voſtre peut brûler,
On pourra vous offrir dequoy vous conſoler.

Fin du Troiſiéme Acte.

ACTE IV.

SCENE PREMIERE.

ELIANTE, PHILINTE.

PHILINTE.

NON, l'on n'a point veu d'Ame à manier, si dure,
Ny d'Accommodement plus pénible à conclure;
En vain, de tous costez, on l'a voulu tourner,
Hors de son Sentiment, on n'a pû l'entraîner;
Et, iamais, Diferent si bizarre, ie pense,
N'auoit de ces Messieurs, occupé la prudence.
Non, Messieurs, disoit-il, ie ne me dédis point;
Et tomberay d'accord de tout, hors de ce Poinct:
Dequoy s'offence-t'il? & que veut-il me dire?
Y va-t'il de sa gloire, à ne pas bien écrire?
Que luy fait mon auis, qu'il a pris de trauers?
On peut estre honneste Hõme, & faire mal des Vers;
Ce n'est point à l'Hõneur, que touchẽt ces matiéres,
Ie le tiens galant Homme en toutes les maniéres,

Homme de Qualité, de Mérite, & de Cœur,
Tout ce qu'il vous plaira, mais fort méchãt Autheur;
Ie loüeray, si l'on veut, son Train, & sa Dépense,
Son adresse, à Cheual, aux Armes, à la Danse;
Mais, pour loüer ses Vers, ie suis son Seruiteur;
Et lors que d'en mieux faire, on n'a pas le bonheur,
On ne doit, de Rimer, auoir aucune enuie,
Qu'on n'y soit condamné, sur peine de la Vie.
Enfin, toute la Grace, & l'Accommodement,
Où s'est, auec effort, plié son Sentiment,
C'est à dire, croyant adoucir bien son style,
Monsieur, ie suis fasché d'estre si difficile;
Et, pour l'amour de vous, ie voudrois de bon cœur,
Auoir trouué, tantost, vostre Sonnet meilleur;
Et dans vne Embrassade, on leur a, pour conclure,
Fait viste, enueloper toute la Procédure.

ELIANTE.

Dans ses façons d'agir, il est fort singulier,
Mais i'en fais, ie l'auoüe, vn cas particulier;
Et la sincérité dont son Ame se pique,
A quelque chose, en soy, de noble, & d'heroïque;
C'est vne Vertu rare, au Siecle d'aujourd'huy,
Et ie la voudrois voir, par tout, comme chez luy.

PHILINTE.

Pour moy, plus ie le voy, plus, sur tout, ie m'étonne
De cette Passion où son Cœur s'abandonne:
De l'humeur dont le Ciel a voulu le former,
Ie ne sçay pas comment il s'auise d'aimer;
Et ie sçais moins, encor, comment vostre Cousine
Peut estre la Personne où son Penchant l'incline.

ELIANTE.

Cela fait assez voir que l'Amour, dans les Cœurs,
N'est pas, toûjours, produit par vn raport d'humeurs;

Et toutes ces raisons de douces Sympathies,
Dans cet Exemple-cy, se trouuent démenties.

PHILINTE.

Mais, croyez-vous qu'on l'aime, aux choses qu'on peut voir?

ELIANTE.

C'est vn Poinct qu'il n'est pas fort aisé de sçauoir.
Comment pouuoir juger s'il est vray qu'elle l'aime?
Sõ Cœur, de ce qu'il sét, n'est pas biẽ seur luy-méme;
Il aime, quelquefois, sans qu'il le sçache bien,
Et croit aimer, aussi, parfois, qu'il n'en est rien.

PHILINTE.

Ie croy que nostre Amy, prés de cette Cousine,
Trouuera des chagrins plus qu'il ne s'imagine;
Et s'il auoit mon Cœur, à dire verité,
Il tourneroit ses vœux tout d'vn autre côté;
Et par vn chois plus juste, on le verroit, Madame,
Profiter des bontez que luy montre vostre Ame.

ELIANTE.

Pour moy, ie n'en fais point de façons, & ie croy
Qu'on doit, sur de tels Poincts, estre de bonne foy:
Ie ne m'oppose point à toute sa tendresse,
Au contraire, mon Cœur, pour elle, s'interesse;
Et si c'estoit qu'à moy, la chose pût tenir,
Moy-mesme, à ce qu'il aime, on me verroit l'vnir.
Mais, si dans vn tel Chois, comme tout se peut faire,
Son Amour éprouuoit quelque Destin contraire,
S'il falloit que d'vn autre, on couronnât les Feux,
Ie pourrois me résoudre à receuoir ses vœux;
Et le refus souffert, en pareille occurence,
Ne m'y feroit trouuer aucune répugnance.

PHILINTE.

Et moy, de mon costé, ie ne m'oppose pas,
Madame, à ces bontez qu'ont, pour luy, vos Appas;

Et luy-mesme, s'il veut, il peut bien vous instrüire
De ce que, là-dessus, i'ay pris soin de luy dire.
Mais si, par vn Hymen, qui les joindroit eux deux,
Vous estiez hors d'état de receuoir ses vœux,
Tous les miens tenteroient la faueur éclatante,
Qu'auec tant de bonté, vostre Ame luy presente;
Heureux si, quand son Cœur s'y pourra dérober,
Elle pouuoit, sur moy, Madame, retomber.

ELIANTE.

Vous vous diuertissez, Philinte.

PHILINTE.

Non, Madame,
Et ie vous parle, icy, du meilleur de mon Ame;
I'attens l'occasion de m'offrir hautement,
Et de tous mes souhaits, i'en presse le moment.

SCENE II.

ALCESTE, ELIANTE, PHILINTE.

ALCESTE.

AH! faites-moy raison, Madame, d'vne Offence
Qui vient de triompher de toute ma cõstance.

ELIANTE.

Qu'est-ce, donc? qu'auez-vous qui vous puisse émouuoir?

ALCESTE.

I'ay ce que, sans mourir, ie ne puis conceuoir;
Et le Déchaînement de toute la Nature,
Ne m'accableroit pas, comme cette Auanture.
C'en est fait... mon amour... ie ne sçaurois parler.

ELIANTE.

Que vostre Esprit, vn peu, tâche à se r'appeller!

ALCESTE.

O juste Ciel! faut-il qu'on joigne à tant de Graces,
Les Vices odieux des Ames les plus basses?

ELIANTE.

Mais, encor, qui vous peut....

ALCESTE.

Ah! tout est rüiné,
Ie suis, ie suis trahy, ie suis assassiné:
Celimene.... Eust-on pû croire cette nouuelle?
Celimene me trompe, & n'est qu'vne Infidelle.

ELIANTE.

Auez-vous, pour le croire, vn juste fondement?

PHILINTE.

Peut-estre, est-ce vn Soupçon conçeu legérement,
Et vostre Esprit jalous, prẽd, par fois, des Chimeres...

ALCESTE.

Ah! morbleu, meslez-vous, Mõsieur, de vos Affaires.
C'est de sa Trahison n'estre que trop certain,
Que l'auoir, dans ma poche, écrite de sa main.
Oüy, Madame, vne Lettre écrite pour Oronte,
A produit, à mes yeux, ma disgrace, & sa honte;
Oronte, dont i'ay crû qu'elle fuïoit les soins,
Et que, de mes Riuaux, ie redoutois le moins.

PHILINTE.

Vne Lettre peut bien tromper par l'apparence,
Et n'est pas, quelquefois, si coupable qu'on pense.

ALCESTE.

Monsieur, encor vn coup, laissez-moy, s'il vous plaist,
Et ne prenez soucy que de vostre interest.

ELIANTE.

Vous deuez modérer vos transports, & l'outrage....

ALCESTE.

Madame, c'est à vous, qu'appartient cet Ouurage,
C'est à vous, que mon Cœur a recours, aujourd'huy
Pour pouuoir s'affranchir de son cüisant ennuy.
Vengez-moy d'vne ingrate, & perfide Parente,
Qui trahit, lâchement, vne ardeur si constante;
Vengez-moy de ce trait qui doit vous faire horreur

ELIANTE.

Moy, vous venger! comment?

ALCESTE.

En receuant mon Cœur,
Acceptez-le, Madame, au lieu de l'Infidelle,
C'est par là, que ie puis prendre vengeance d'elle;
Et ie la veux punir par les sincéres Vœux,
Par le profond Amour, les Soins respectüeux,
Les Deuoirs empressez, & l'assidu Seruice
Dont ce Cur va vous faire vn ardent Sacrifice.

ELIANTE.

Ie compâtis, sans doute, à ce que vous souffrez,
Et ne méprise point le Cœur que vous m'offrez:
Mais, peut-estre, le Mal n'est pas si grãd qu'on pense,
Et vous pourrez quitter ce Desir de Vengeance.
Lors que l'Injure part d'vn Objet plein d'Appas,
On fait force Desseins, qu'on n'execute pas:
On a beau voir, pour rompre, vne Raison puïssante,
Vne Coupable aimée, est, bientost, innocente;
Tout le mal qu'on luy veut, se dissipe aisément,
Et l'on sçait ce que c'est, qu'vn Courroux d'vn Amant.

ALCESTE.

Non, non, Madame, nõ, l'Offence est trop mortelle,
Il n'est point de retour, & ie romps auec elle;
Rien ne sçauroit changer le Dessein que i'en fais,
Et ie me punirois, de l'estimer iamais.

La voicy. Mon Courroux redouble à cette aproche,
Ie vais, de sa noirceur, luy faire vn vif reproche,
Pleinement, la confondre, & vous porter, aprés,
Vn Cœur tout dégagé de ses trompeurs Attraits.

SCENE III.

CELIMENE, ALCESTE.

ALCESTE.

O Ciel! de mes Transports, puis-je estre, icy, le Maistre?

CELIMENE.

Oüais, quel est, donc, le trouble, où ie vous voy paraistre?
Et que me veulent dire, & ces Soûpirs poussez,
Et ces sombres Regards que, sur moy, vous lancez?

ALCESTE.

Que toutes les Horreurs, dont vne Ame est capable,
A vos Déloyautez, n'ont rien de comparable:
Que le Sort, les Démons, & le Ciel, en courroux,
N'ont, iamais, rien produit de si méchât que vous.

CELIMENE.

Voila, certainement, des Douceurs que i'admire.

ALCESTE.

Ah! ne plaisantez point, il n'est pas temps de rire,
Rougissez, bien plûtost, vous en auez raison:
Et i'ay de seurs Témoins de vostre Trahison.
Voila ce que marquoient les Troubles de mon Ame,
Ce n'estoit pas en vain, que s'alarmoit ma flame:
Par ces frequens Soupçons, qu'on trouuoit odieux,
Ie cherchois le Malheur qu'ont rencôtré mes yeux:
Et malgré tous vos soins, & vostre adresse à feindre,
Mon Astre me disoit, ce que i'auois à craindre:

Mais ne présumez pas que, sans estre vangé,
Ie souffre le Dépit de me voir outragé.
Ie sçay que, sur les Vœux, on n'a point de puissance,
Que l'Amour veut, par tout, naistre sans Dépẽdance,
Que iamais, par la force, on n'entra dans vn Cœur,
Et que toute Ame est libre à nõmer son Vainqueur,
Aussi ne trouuerois-je aucun sujet de Plainte,
Si, pour moy, vostre Bouche auoit parlé sans feinte;
Et, rejettant mes vœux dés le premier abord,
Mõ Cœur n'auroit eu droit de s'ẽ prẽdre qu'au Sort.
Mais, d'vn Aueu trompeur, voir ma Flame aplaudie,
C'est vne Trahison, c'est vne Perfidie,
Qui ne sçauroit trouuer de trop grãds Chastimens:
Et ie puis tout permettre à mes Ressentimens.
Oüy, oüy, redoutez tout, aprés vn tel Outrage,
Ie ne suis plus à moy, ie suis tout à la Rage:
Percé du Coup mortel dont vous m'assassinez,
Mes Sens, par la Raison, ne sont plus gouuernez;
Ie cede aux Mouuemens d'vne juste Colere,
Et ie ne répons pas de ce que ie puis faire.

CELIMENE.

D'où vient, donc, ie vous prie, vn tel Emportement?
Auez-vous, dites-moy, perdu le Iugement?

ALCESTE.

Oüy, oüy, ie l'ay perdu, lors que dans vostre vuë
I'ay pris, pour mon Malheur, le Poison qui me tuë,
Et que i'ay crû trouuer quelque Sincerité
Dans les traistres Appas dont ie fus enchanté.

CELIMENE.

De quelle Trahison pouuez-vous, dõc, vous plaindre?

ALCESTE.

Ah! que ce Cœur est double, & sçait bien l'Art de (feindre!
Mais, pour le mettre à bout, i'ay des Moyens tous
Iettez icy les yeux, & connoissez vos Traits; (prests:

Ce Billet découuert, suffit pour vous confondre,
Et, contre ce Témoin, on n'a rien à répondre.

CELIMENE.

Voila, donc, le Sujet qui vous trouble l'Esprit?

ALCESTE.

Vous ne rougissez pas, en voyant cet Ecrit?

CELIMENE.

Et par quelle Raison faut-il que i'en rougisse?

ALCESTE.

Quoy! vous joignez, icy, l'Audace, à l'Artifice?
Le desauoûrez-vous, pour n'auoir point de seing?

CELIMENE.

Pourquoy desauoüer vn Billet de ma main?

ALCESTE.

Et vous pouuez le voir, sans demeurer confuse
Du Crime dont, vers moy, son Stile vous accuse?

CELIMENE.

Vous estes, sans mentir, vn grand Extrauagant.

ALCESTE.

Quoy! vous brauez, ainsi, ce Témoin côuainquant?
Et ce qu'il m'a fait voir de douceur pour Oronte,
N'a, donc, rien qui m'outrage, & qui vous fasse honte?

CELIMENE.

Oronte! Qui vous dit que la Lettre est pour luy?

ALCESTE.

Les Gẽs qui, dãs mes mains, l'õt remise, aujourd'huy.
Mais ie veux consentir qu'elle soit pour vn autre,
Mon Cœur en a-t'il moins à se plaindre du vôtre?
En serez-vous, vers moy, moins coupable en effet?

CELIMENE.

Mais, si c'est vne Femme à qui va ce Billet,
En quoy vous blesse-t'il? & qu'a-t'il de coupable?

ALCESTE.

Ah! le Détour est bon, & l'Excuse admirable,

Ie ne m'attendois pas, ie l'auouë, à ce Trait:
Et me voila, par là, conuaincu tout à fait.
Osez-vous recourir à ces Ruses grossieres:
Et croyez-vous les Gens si priuez de Lumieres?
Voyons, voyons, vn peu, par quel biais, de quel air,
Vous voulez soûtenir vn Mensonge si clair:
Et cõment vous pourrez tourner, pour vne Femme,
Tous les Mots d'vn Billet qui mõtre tant de flame:
Ajustez, pour couurir vn manquement de Foy,
Ce que ie m'en vais lire....

CELIMENE.

Il ne me plaist pas, moy.
Ie vous trouue plaisant, d'vser d'vn tel Empire,
Et de me dire, au nez, ce que vous m'osez dire.

ALCESTE.

Non, non, sans s'emporter, prenez, vn peu, soucy
De me justifier les Termes que voicy.

CELIMENE.

Non, ie n'en veux rien faire; &, dãs cette occurrence,
Tout ce que vous croirez, m'est de peu d'importãce.

ALCESTE.

De grace, montrez-moy, ie seray satisfait,
Qu'on peut, pour vne Femme, expliquer ce Billet.

CELIMENE.

Non, il est pour Oronte, & ie veux qu'on le croye,
Ie reçois tous ses Soins, auec beaucoup de joye,
I'admire ce qu'il dit, i'estime ce qu'il est;
Et ie tombe d'accord de tout ce qu'il vous plaist.
Faites, prenez Party, que rien ne vous arreste,
Et ne me rompez pas, dauantage, la teste.

ALCESTE.

Ciel! rien de plus crüel peut-il estre inuenté:
Et, iamais, Cœur fut-il de la sorte traité?

Quoy! d'vn juste Courroux ie suis émeu contr'elle,
C'est moy qui me viẽs plaindre, & c'est moy qu'õ que-
On pousse ma Douleur, & mes Soupçõs à bout, (relle!
On me laisse tout croire, on fait gloire de tout;
Et, cependant, mon Cœur est, encor, assez lâche,
Pour ne pouuoir briser la Chaîne qui l'attache,
Et pour ne pas s'armer d'vn genereux Mépris
Contre l'ingrat Objet dont il est trop épris!
Ah! que vous sçauez bien, icy, contre moy-méme,
Perfide, vous seruir de ma foiblesse extréme,
Et ménager, pour vous, l'excés prodigieux
De ce fatal Amour, né de vos traistres yeux!
Defẽdez-vous, au moins, d'vn Crime qui m'accable,
Et cessez d'affecter d'estre, enuers moy, coupable;
Rendez-moy, s'il se peut, ce Billet innocent,
A vous prester les mains, ma Tendresse consent;
Efforcez-vous, icy, de paroistre fidelle,
Et ie m'efforceray, moy, de vous croire telle.

CELIMENE.

Allez, vous estes fou, dans vos Transports jalous,
Et ne meritez pas l'amour qu'on a pour vous.
Ie voudrois bien sçauoir, qui pourroit me cõtraindre
A descendre, pour vous, aux Bassesses de feindre:
Et pourquoy, si mon Cœur penchoit d'autre côté,
Ie ne le dirois pas auec sincerité?
Quoy! de mes Sentimens l'obligeante Asseurance,
Contre tous vos Soupçons, ne prẽd pas ma defense?
Auprés d'vn tel Garent, sont-ils de quelque poids?
N'est-ce pas m'outrager, que d'écouter leur voix?
Et puis que nostre Cœur fait vn effort extréme,
Lors qu'il peut se résoudre à confesser qu'il aime,
Puis que l'Honneur du Sexe, Ennemy de nos Feux,
S'oppose, fortement, à de pareils Aueus;
L'Amant qui void, pour luy, franchir vn tel obstacle,

Doit-il, impunément, douter de cét Oracle:
Et n'est-il pas coupable, en ne s'asseurant pas,
A ce qu'on ne dit point, qu'aprés de grāds combats;
Allez, de tels Soupçons méritent ma colere,
Et vous ne valez pas que l'on vous considere:
Ie suis Sotte, & veux mal à ma Simplicité,
De conseruer, encor, pour vous, quelque bonté;
Ie deurois, autre-part, attacher mon Estime,
Et vous faire vn sujet de Plainte legitime.

ALCESTE.

Ah! Traistresse, mon Foible est étrange pour vous;
Vous me trompez, sans doute, auec des Mots si doux;
Mais, il n'importe, il faut suiure ma Destinée,
A vostre Foy, mon Ame est toute abandonnée,
Ie veux voir, jusqu'au bout, quel sera vostre Cœur:
Et si, de me trahir, il aura la Noirceur.

CELIMENE.

Non, vous ne m'aimez point, comme il faut que l'on (aime.

ALCESTE.

Ah! rien n'est comparable à mon amour extréme;
Et, dans l'ardeur qu'il a de se montrer à tous,
Il va jusqu'à former des Souhaits contre vous.
Oüy, ie voudrois qu'aucun ne vous trouuât aimable;
Que vous fussiez reduite en vn Sort miserable,
Que le Ciel, en naissant, ne vous eust donné rien;
Que vous n'eussiez ny Rang, ny Naissance, ny Bien,
Afin que, de mon Cœur, l'éclatant Sacrifice,
Vous pût, d'vn pareil Sort, reparer l'Injustice:
Et que i'eusse la joye, & la gloire, en ce jour,
De vous voir tenir tout, des mains de mon Amour.

CELIMENE.

C'est me vouloir du Bien, d'vne étrange maniére!
Me preserue le Ciel, que vous ayez matiére....
Voicy Monsieur Du Bois, plaisamment, figuré.

SCENE IV.

DV BOIS, CELIMENE, ALCESTE.

ALCESTE.

QVe veut cét équipage, & cet air éfaré?
Qu'as-tu?

DV BOIS.

Monsieur....

ALCESTE.

Hé bien.

DV BOIS.

Voicy bien des mystéres.

ALCESTE.

Qu'est-ce?

DV BOIS.

Nous sommes mal, Monsieur, dãs nos Affaires.

ALCESTE.

Quoy?

DV BOIS.

Parleray-je haut?

ALCESTE.

Oüy, parle, & promptement.

DV BOIS.

N'est-il point là, quelqu'vn....

ALCESTE.

Ah! que d'amusement!
Veux-tu parler?

DV BOIS.

Monsieur, il faut faire retraite.

ALCESTE.

Comment?

DV BOIS.

Il faut, d'icy, déloger sans Trompette,

ALCESTE.

Et pourquoy?

DV BOIS.

Ie vous dis qu'il faut quitter ce Lieu.

ALCESTE.

La cause?

DV BOIS.

Il faut partir, Monsieur, sans dire adieu.

ALCESTE.

Mais, par quelle Raison, me tiens-tu ce langage?

DV BOIS.

Par la Raison, Monsieur, qu'il faut plier Bagage.

ALCESTE.

Ah! ie te casseray la teste, asseurément,
Si tu ne veux, Maraut, t'expliquer autrement.

DV BOIS.

Monsieur, vn Homme noir, & d'habit, & de mine,
Est venu nous laisser, jusque dans la Cuisine,
Vn Papier grifonné d'vne telle façon,
Qu'il faudroit, pour le lire, estre pis que Démon.
C'est de vostre Procés, ie n'en fais aucun doute;
Mais le Diable d'Enfer, ie croy, n'y verroit goûte.

ALCESTE.

Hé bien? quoy? ce Papier, qu'a-t'il à démesler,
Traistre, auec le Départ dont tu viens me parler?

DV BOIS. (ensuite,

C'est pour vous dire, icy, Monsieur, qu'vne heure
Vn Homme, qui souuent vous vient rendre visite,
Est venu vous chercher auec empressement;
Et ne vous trouuant pas, m'a chargé, doucement,

Sçachant que ie vous sers auec beaucoup de zele,
De vous dire..... Attendez, cõme est-ce qu'il s'apelle?

ALCESTE.

Laisse-là, son Nom, Traistre, & dis ce qu'il t'a dit.

DV BOIS.

C'est vn de vos Amis, enfin, cela suffit.
Il m'a dit que, d'icy, vostre Péril vous chasse,
Et que, d'estre arresté, le Sort vous y menace.

ALCESTE.

Mais quoy? n'a-t'il voulu te rien specifier?

DV BOIS.

Non, il m'a demandé de l'Encre, & du Papier;
Et vous a fait vn Mot, où vous pourrez, ie pense,
Du fonds de ce mystére, auoir la connoissance.

ALCESTE.

Donne-le donc.

CELIMENE.

Que peut enueloper cecy?

ALCESTE.

Ie ne sçay, mais i'aspire à m'en voir éclaircy.
Auras-tu bientost fait, Impertinent au Diable?

DV BOIS *apres l'auoir longtemps cherché.*

Ma foy, ie l'ay, Monsieur, laissé sur vostre Table.

ALCESTE.

Ie ne sçay qui me tient....

CELIMENE.

Ne vous emportez pas,
Et courrez démesler vn pareil Embarras.

ALCESTE.

Il semble que le Sort, quelque soin que ie prenne,
Ait juré d'empescher que ie vous entretienne:
Mais, pour en triompher, souffrez à mon Amour,
De vous reuoir, Madame, auant la fin du Iour.

Fin du Quatriéme Acte.

ACTE V.

SCENE PREMIERE.

ALCESTE, PHILINTE.

ALCESTE.

La résolution en est prise, vous dy-je.

PHILINTE.

Mais, quel que soit ce Coup, faut-il qu'il vous oblige....

ALCESTE.

Non, vous auez beau faire, & beau me raisonner,
Rien de ce que ie dy, ne me peut détourner:
Trop de Peruersité regne au Siecle où nous sômes,
Et ie veux me tirer du Commerce des Hommes.
Quoy! contre ma Partie, on void, tout à la fois,
L'Honneur, la Probité, la Pudeur, & les Loix:
On publie, en tous Lieux, l'équité de ma Cause:
Sur la Foy de mon Droit, mon Ame se repose:
Cependant, ie me vois trompé par le Succés,
I'ay pour moy la Iustice, & ie perds mon Procés!
Vn Traistre, dont on sçait la scandaleuse Histoire,
Est sorty triomphant d'vne Fausseté noire!
Toute la Bonne-Foy cede à sa Trahison!
Il trouue, en m'égorgeant, moyen d'auoir raison!

Le poids de sa Grimace, où brille l'Artifice,
Renuerse le bon Droit, & tourne la Iustice!
Il fait, par vn Arrest, couronner son Forfait:
Et non content, encor, du Tort que l'on me fait,
Il court, parmy le Monde, vn Liure abominable,
Et de qui la lecture est, mesme, condamnable!
Vn Liure à mériter la derniere Rigueur,
Dont le Fourbe a le front de me faire l'Autheur!
Et, là-dessus, on void Oronte qui murmure,
Et tâche, méchamment, d'appüyer l'Imposture!
Lüy, qui d'vn hõneste Hõme, à la Cour tient le Rang!
A qui ie n'ay rien fait, qu'estre sincére, & franc!
Qui me vient, malgré moy, d'vne ardeur empressée,
Sur des Vers qu'il a faits, demander ma pensée!
Et parce que i'en vse auec honnesteté,
Et ne le veux trahir, luy, ny la Verité,
Il aide à m'accabler d'vn Crime imaginaire:
Le voila deuenu mon plus grand Aduersaire!
Et iamais, de son Cœur, ie n'auray de pardon,
Pour n'auoir pas trouué que son Sonnet fût bon!
Et les Hommes, morbleu, sont faits de cette sorte!
C'est à ces Actions que la Gloire les porte!
Voila la Bonne-Foy, le Zele vertüeux,
La Iustice, & l'Honneur, que l'on trouue chez eux!
Allõs, c'est trop soufrir les Chagrins qu'õ nous forge,
Tirons-nous de ce Bois, & de ce Coupe-gorge;
Puis qu'entre Humains, ainsi, vous viuez en vrais
Loups,
Traistres, vous ne m'aurez de ma vie, auec vous.

PHILINTE.

Ie trouue vn peu bien prõpt, le Dessein où vous estes,
Et tout le mal n'est pas si grand que vous le faites:
Ce que vostre Partie ose vous imputer,
N'a point eu le crédit de vous faire arrester;

On void son faux Rapport, luy-mesme, se détrüire,
Et c'est vne Action qui pourroit bien luy nüire.

ALCESTE.

Luy! de semblables Tours, il ne craint point l'éclat,
Il a permission d'estre franc Scelerat;
Et loin qu'à son Crédit nüise cette Auanture,
On l'en verra, demain, en meilleure posture.

PHILINTE.

Enfin, il est constant qu'on n'a point trop donné
Au Brüit que, contre vous, sa Malice a tourné:
De ce costé, déja, vous n'auez rien à craindre.
Et pour vostre Procés, dōt vous pouuez vous plaindre,
Il vous est, en Iustice, aisé d'y reuenir,
Et contre cet Arrest....

ALCESTE.

Non, ie veux m'y tenir.
Quelque sensible Tort qu'vn tel Arrest me fasse,
Ie me garderay bien de vouloir qu'on le casse:
On y voit trop à plein, le bon Droit mal-traité,
Et ie veux qu'il demeure à la Posterité,
Cōme vne Marque insigne, vn fameux Témoignage,
De la méchanceté des Hommes de nostre Age.
Ce sont vingt mille Frācs qu'il m'en pourra couster,
Mais, pour vingt mille Frācs, i'auray droit de pester
Contre l'Iniquité de la Nature Humaine,
Et de nourrir, pour elle, vne immortelle Haine.

PHILINTE.

Mais, enfin....

ALCESTE.

Mais, enfin, vos Soins sont superflus:
Que pouuez-vous, Monsieur, me dire là-dessus?
Aurez-vous bien le front de me vouloir, en face,
Excuser les horreurs de tout ce qui se passe?

PHILINTE.

Non, ie tombe d'accord de tout ce qu'il vous plaist,
Tout marche par Cabale, & par pur Interest;
Ce n'est plus que la Ruse, aujourd'huy, qui l'emporte,
Et les Hommes deuroient estre faits d'autre sorte.
Mais est-ce vne Raison, que leur peu d'Equité,
Pour vouloir se tirer de leur Societé?
Tous ces Defauts humains nous dônent, dâs la Vie,
Des Moyens d'exercer nostre Philosophie,
C'est le plus bel Employ que trouue la Vertu;
Et si, de Probité, tout estoit reuestu,
Si tous les Cœurs estoient, francs, justes, & dociles,
La plusspart des Vertus nous seroient inutiles,
Puis qu'on en met l'vsage à pouuoir, sans ennüy,
Suporter dans nos Droits, l'Injustice d'Autrüy:
Et de mesme qu'vn Cœur, d'vne Vertu profonde....

ALCESTE.

Ie sçay que vous parlez, Môsieur, le mieux du Môde,
En beaux Raisonnemens, vous abondez toûjours,
Mais vous perdez le Têps, & tous vos beaux Discours.
La Raison, pour mon Bien, veut que ie me retire,
Ie n'ay point, sur ma langue, vn assez grand empire;
De ce que ie dirois, ie ne répondrois pas,
Et, ie me jetterois cent Choses sur les Bras.
Laissez-moy, sans dispute, attendre Celimene,
Il faut qu'elle consente au Dessein qui m'ameine;
Ie vay voir si son Cœur a de l'amour pour moy,
Et c'est ce moment-cy, qui doit m'en faire soy.

PHILINTE.

Montons chez Eliante, attendant sa venuë.

ALCESTE.

Non, de trop de soucy, ie me sens l'Ame émeuë,
Allez-vous-en la voir, & me laissez, enfin,
Dans ce petit Coin sombre, auec mô noir Chagrin.

PHILINTE.

C'est vne Compagnie étrange, pour attendre,
Et ie vais obliger Eliante à décendre.

SCENE II.

ORONTE, CELIMENE, ALCESTE.

ORONTE.

OVy, c'est à vous, de voir, si par des Nœuds si dous,
Madame, vous voulez m'attacher tout à vous:
Il me faut, de vostre Ame, vne pleine asseurance,
Vn Amant, là-dessus, n'aime point qu'on balance:
Si l'ardeur de mes Feux a pû vous émouuoir,
Vous ne deuez point feindre à me le faire voir;
Et la preuue, aprés tout, que ie vous en demande,
C'est de ne plus souffrir qu'Alceste vous prétende,
De le sacrifier, Madame, à mon Amour,
Et, de chez vous, enfin, le bannir dés ce jour.

CELIMENE.

Mais quel sujet si grand, contre luy, vous irrite,
Vous, à qui i'ay tant veu parler de son Mérite?

ORONTE.

Madame, il ne faut point ces éclaircissemens,
Il s'agit de sçauoir quels sont vos Sentimens:
Choisissez, s'il vous plaist, de garder l'vn, ou l'autre,
Ma résolution n'attend rien que la vôtre.

ALCESTE *sortant du coin où il s'estoit retiré.*

Oüy, Monsieur a raison; Madame, il faut choisir,
Et sa demande, icy, s'accorde à mon desir;
Pareille ardeur me presse, & mesme soin m'ameine,
Mon Amour veut du vostre, vne marque certaine.

Les Choses ne sont plus pour traîner en longueur,
Et voicy le moment d'expliquer vostre Cœur.

ORONTE.

Ie ne veux point, Monsieur, d'vne Flâme importune,
Troubler, aucunement, vostre bonne Fortune.

ALCESTE.

Ie ne veux point, Monsieur, jalous, ou non jalous,
Partager de son Cœur, rien du tout auec vous.

ORONTE.

Si vostre Amour, au mien, luy semble préferable....

ALCESTE.

Si du moindre Pêchant elle est pour vous capable....

ORONTE.

Ie jure de n'y rien prétendre desormais.

ALCESTE.

Ie jure, hautement, de ne la voir iamais.

ORONTE.

Madame, c'est à vous, de parler sans contrainte.

ALCESTE.

Madame, vous pouuez vous expliquer sans crainte.

ORONTE.

Vous n'auez qu'à nous dire où s'attachẽt vos vœux.

ALCESTE.

Vous n'auez qu'à trancher, & choisir de nous deux.

ORONTE.

Quoy! sur vn pareil Chois, vous sẽblez estre en peine!

ALCESTE.

Quoy! vostre Ame balance, & paroist incertaine!

CELIMENE.

Mon Dieu! que cette Instance est là, hors de Saison:
Et que vous témoignez, tous deux, peu de Raison!
Ie sçay prendre Party sur cette Préference,
Et ce n'est pas mon Cœur, maintenãt, qui balance:

Il n'est point suspendu, sans doute, entre vous deux,
Et rien n'est si tost fait, que le chois de nos vœux.
Mais ie souffre, à vray dire, vne gesne trop forte,
A prononcer en face, vn aueu de la sorte:
Ie trouue que ces Mots, qui sont desobligeans,
Ne se doiuent point dire en presence des Gens:
Qu'vn Cœur, de son Pēchant, dōne assez de lumiere,
Sans qu'on nous fasse aller, jusqu'à rōpre en visiere:
Et qu'il suffit, enfin, que de plus doux Témoins
Instrüisent vn Amant, du malheur de ses Soins.

ORONTE.

Non, non, vn franc Aueu n'a rien que i'aprehende;
I'y consens pour ma part.

ALCESTE.

Et moy, ie le demande;
C'est son éclat, sur tout, qu'icy i'ose exiger,
Et ie ne prétens point vous voir rien ménager.
Conseruer tout le Monde, est vostre grande étude,
Mais plus d'amusement, & plus d'incertitude;
Il faut vous expliquer, nettement, là-dessus,
Ou bien, pour vn Arrest, ie prens vostre refus:
Ie sçauray, de ma part, expliquer ce silence,
Et me tiendray pour dit, tout le mal que i'en pense.

ORONTE.

Ie vous sçay fort bon gré, Monsieur, de ce courroux,
Et ie luy dis, icy, mesme chose que vous.

CELIMENE.

Que vous me fatiguez auec vn tel Caprice!
Ce que vous demandez, a-t'il de la justice:
Et ne vous dis-je pas quel Motif me retient?
I'en vais prendre pour Iuge, Eliante qui vient.

SCENE III.

ELIANTE, PHILINTE, CELIMENE, ORONTE, ALCESTE.

CELIMENE.

IE me vois, ma Cousine, icy, persécutée
Par des Gens dont l'humeur y paroist concertée.
Ils veulent l'vn, & l'autre, auec mesme chaleur,
Que ie prononce, entr'eux, le Choix que fait mõ Cœur:
Et que, par vn Arrest qu'en Face il me faut rendre,
Ie defēde à l'vn d'eux, tous les Soins qu'il peut pren-
Dites-moy si, iamais, cela se fait ainsy? (dre.

ELIANTE.

N'allez point, là-dessus, me consulter icy,
Peut-estre, y pourriez-vous estre mal adressée,
Et ie suis pour les Gens qui disent leur pensée.

ORONTE.

Madame, c'est en vain que vous vous defendez.

ALCESTE.

Tous vos Détours, icy, seront mal secondez.

ORONTE.

Il faut, il faut parler, & lâcher la Balance.

ALCESTE.

Il ne faut que poursuiure à garder le Silence.

ORONTE.

Ie ne veux qu'vn seul Mot, pour finir nos debats.

ALCESTE.

Et moy, ie vous entens, si vous ne parlez pas.

SCENE DERNIERE.

ACASTE, CLITANDRE, ARSINOE, PHILINTE, ELIANTE, ORONTE, CELIMENE, ALCESTE.

ACASTE.

MAdame, nous venons, tous deux, sans vous déplaire,
Eclaircir, auec vous, vne petite Affaire.

CLITANDRE.

Fort à propos, Messieurs, vous vous trouuez icy,
Et vous estes meslez dans cette Affaire, aussy.

ARSINOE'.

Madame, vous serez surprise de ma veuë;
Mais ce sont ces Messieurs qui causent ma venuë;
Tous deux ils m'ont trouuée,&se sõt plaints à moy,
D'vn Trait, à qui mõ Cœur ne sçauroit prester foy.
I'ay du fonds de vostre Ame, vne trop haute Estime,
Pour vous croire, iamais, capable d'vn tel Crime,
Mes yeux ont démenty leurs Témoins les plus forts:
Et l'Amitié passant sur de petits Discords,
I'ay bien voulu, chez vous, leur faire compagnie,
Pour vous voir vous lauer de cette Calomnie.

ACASTE.

Oüy, Madame, voyons, d'vn Esprit adoucy,
Comment vous vous prendrez, à soûtenir cecy?
Cette Lettre, par vous, est écrite à Clitandre?

CLITANDRE.

Vous auez, pour Acaste, écrit ce Billet tendre?

ACASTE.

Messieurs, ces Traits, pour vous, n'ont point d'obscu-
Et ie ne doute pas que sa ciuilité, (rité,
A connoistre sa main, n'ait trop sceu vous instrüire:
Mais cecy vaut, assez, la peine de le lire.

Vous estes vn étrange Homme, de condamner mon enjoûment, & de me reprocher que ie n'ay iamais, tant de joye, que lors que ie ne suis pas auec vous. Il n'y a rien de plus injuste; & si vous ne venez bien viste, me demander pardon de cette Offence, ie ne vous la pardonneray de ma vie. Nostre grand Flandrin de Vicomte....

Il deuroit estre icy.

Nostre grand Flandrin de Vicomte, par qui vous commancez vos plaintes, est vn Homme qui ne sçauroit me reuenir; & depuis que ie l'ay veu, trois quarts d'heure durant, cracher dans vn Puits, pour faire des Ronds, ie n'ay pû iamais, prendre bonne opinion de luy. Pour le petit Marquis....

C'est moy-mesme, Messieurs, sans nulle vanité.

Pour le petit Marquis, qui me tint hyer, long-temps, la main; ie trouue qu'il n'y a rien de si mince que toute sa Personne; & ce sont de ces Mérites qui n'ont que la Cape & l'Epée. Pour l'Homme aux Rubans verts....

A vous le Dé, Monsieur.

Pour l'Homme aux Rubans verts, s'il me diuertit

quelquefois, auec ses brusqueries, & son chagrin bourru; mais il est cent momens, où ie le trouue le plus fâcheux du Monde. Et pour l'Homme à la Veste....

Voicy vostre Paquet.

Et pour l'Homme à la Veste, qui s'est jetté dans le bel Esprit, & veut estre Autheur malgré tout le Monde, ie ne puis me donner la peine d'écouter ce qu'il dit; & sa Prose me fatigue autant que ses Vers. Mettez-vous, donc, en teste, que ie ne me diuertis pas toûjours si bien que vous pensez; que ie vous trouue à dire plus que ie ne voudrois, dans toutes les Parties où l'on m'entraîne; & que c'est vn merueilleux assaisonnement aux Plaisirs qu'on gouste, que la presence des Gens qu'on aime.

CLITANDRE.

Me voicy maintenant, moy.

Vostre Clitandre, dont vous me parlez, & qui fait tant le Doucereux, est le dernier des Hommes pour qui i'aurois de l'amitié. Il est extrauagant de se persüader qu'on l'aime; & vous l'estes, de croire qu'on ne vous aime pas. Changez, pour estre raisonnable, vos Sentimens contre les siens; & voyez-moy le plus que vous pourrez, pour m'aider à porter le chagrin d'en estre obsedée.

D'vn fort beau Caractere, on voit là, le Modele,
Madame, & vous sçauez comment cela s'appelle?
Il suffit, nous allons l'vn, & l'autre, en tous Lieux,
Montrer, de vostre Cœur, le Portrait glorieux.

ACASTE.

I'aurois dequoy vous dire, & belle eſt la Matiére,
Mais ie ne vous tiens pas digne de ma colére;
Et ie vous feray voir, que les petits Marquis
Ont, pour ſe conſoler, des Cœurs du plus haut prix.

ORONTE.

Quoy! de cette façon ie voy qu'on me déchire,
Aprés tout ce qu'à moy, ie vous ay veu m'écrire:
Et voſtre Cœur paré de beaux Semblans d'Amour,
A tout le Genre Humain ſe promet tour à tour!
Allez, i'eſtois trop Dupe, & ie vais ne plus l'eſtre,
Vous me faites vn Bien, me faiſant vous conneſtre;
I'y profite d'vn Cœur, qu'ainſi vous me rendez,
Et trouue ma vengeance, en ce que vous perdez.

A Alceſte.

Monſieur, ie ne fais plus d'obſtacle à voſtre flame,
Et vous pouuez conclure Affaire auec Madame.

ARSINOE'.

Certes, voila le Trait du Monde le plus noir,
Ie ne m'en ſçaurois taire, & me ſens émouuoir.
Void-on des Procedez qui ſoient pareils aux vôtres?
Ie ne prens point de part aux intereſts des autres:
Mais, Monſieur, que, chez vous, fixoit voſtre Bõheur,
Vn Homme, comme luy, de Mérite, & d'Honneur,
Et qui vous chériſſoit auec idolâtrie,
Deuoit-il.....

ALCESTE.

Laiſſez-moy, Madame, ie vous prie,
Vüider mes intereſts, moy-meſme, là-deſſus,
Et ne vous chargez point de ces Soins ſuperflus.
Mon Cœur a beau vous voir prẽdre, icy, ſa querelle,
Il n'eſt point en eſtat de payer ce grand zele;
Et ce n'eſt pas à vous, que ie pourray ſonger,
Si, par vn autre Chois, ie cherche à me venger.

ARSINOE'.

Hé! croyez-vous, Monsieur, qu'on ait cette pensée,
Et que, de vous auoir, on soit tant empressée?
Ie vous trouue vn Esprit bien plein de vanité,
Si, de cette créance, il peut s'estre flaté:
Le Rebut de Madame, est vne Marchandise,
Dont on auroit grand tort d'estre si fort éprise.
Détrompez-vous, de grace, & portez-le moins haut,
Ce ne sont pas des Gens, cóme moy, qu'il vous faut;
Vous ferez bien, encor, de soûpirer pour elle,
Et ie brûle de voir, vne Vnion si belle. *Elle se retire.*

ALCESTE.

Hé bien, ie me suis tû, malgré ce que ie voy,
Et i'ay laissé parler tout le Monde, auant moy.
Ay-je pris sur moy-mesme, vn assez long Empire,
Et puis-je, maintenant.....

CELIMENE.

Oüy, vous pouuez tout dire,
Vous en estes en droit, lors que vous vous plaindrez,
Et de me reprocher tout ce que vous voudrez.
I'ay tort, ie le confesse, & mon Ame confuse
Ne cherche à vous payer, d'aucune vaine excuse:
I'ay des autres, icy, méprisé le courroux,
Mais ie tôbe d'accord de mon Crime enuers vous;
Vostre ressentiment, sans doute, est raisonnable,
Ie sçais combien ie dois vous paroistre coupable,
Que toute Chose dit, que i'ay pû vous trahir,
Et, qu'enfin, vous auez sujet de me haïr.
Faites-le, i'y consens.

ALCESTE.

Hé le puis-je, Traistresse,
Puis-je, ainsi, triompher de toute ma tendresse?
Et quoy qu'auec ardeur, ie veüille vous haïr,
Trouuay-je vn Cœur, en moy, tout prest à m'obeïr?

A Eliante, & Philinte.

Vous voyez ce que peut vne indigne Tendresse,
Et ie vous fais, tous deux, témoins de ma foiblesse.
Mais, à vous dire vray, ce n'est pas, encor, tout,
Et vous allez me voir la pousser jusqu'au bout,
Mõtrer que c'est à tort, que Sages on nous nomme,
Et que, dãs tous les Cœurs, il est toûjours de l'Hõme.
Oüy, ie veux bien, Perfide, oublier vos Forfaits,
I'en sçauray, dans mon Ame, excuser tous les traits,
Et me les couuriray du nom d'vne Foiblesse,
Où le Vice du Temps, porte vostre Ieunesse;
Pourueu que vostre Cœur veüille donner les mains
Au Dessein que i'ay fait de fuïr tous les Humains,
Et que, dans mon Desert, où i'ay fait vœu de viure,
Vous soyez, sans tarder, résoluë à me suiure.
C'est par là, seulement, que dans tous les Esprits,
Vous pouuez reparer le mal de vos Ecrits;
Et qu'aprés cet éclat, qu'vn noble Cœur abhorre,
Il peut m'estre permis de vous aimer encore.

CELIMENE.

Moy, renoncer au Monde, auant que de vieillir!
Et dans vostre Desert aller m'enseuelir!

ALCESTE.

Et s'il faut qu'à mes feux vostre Flame réponde,
Que vous doit importer tout le reste du Monde?
Vos Desirs, auec moy, ne sont-ils pas contens?

CELIMENE.

La Solitude éfraye vne Ame de vingt ans;
Ie ne sens point la mienne assez grande, assez forte,
Pour me résoudre à prendre vn Dessein de la sorte.
Si le Don de ma main peut contenter vos vœux,
Ie pourray me résoudre à serrer de tels Nœuds:
Et l'Hymen....

ALCESTE.

Non, mon Cœur, à present, vous déteste,
Et ce refus, luy seul, fait plus que tout le reste;

Puis que vous n'estes point en des Liens si doux,
Pour trouuer tout en moy, cõme moy tout en vous;
Allez, ie vous refuse, & ce sensible Outrage,
De vos indignes Fers, pour iamais me dégage.

Celimene se retire, & Alceste parle à Eliante.

Madame, cent Vertus ornent vostre Beauté,
Et ie n'ay veu, qu'en vous, de la sincerité:
De vous, depuis longtemps, ie fais vn cas extréme,
Mais laissez-moy, toûjours, vous estimer de méme;
Et souffrez que mon Cœur, dans ses troubles diuers,
Ne se presente point à l'honneur de vos Fers;
Ie m'en sens trop indigne, & cõmence à cõnaistre,
Que le Ciel, pour ce Nœud, ne m'auoit point fait naistre;
Que ce seroit, pour vous, vn Hommage trop bas,
Que le rebut d'vn Cœur qui ne vous valoit pas:
Et qu'enfin....

ELIANTE.

Vous pouuez suiure cette pensée,
Ma Main, de se donner, n'est pas embarassée;
Et voila vostre Amy, sans trop m'inquiéter,
Qui, si ie l'en priois, la pourroit accepter.

PHILINTE.

Ah! cet honneur, Madame, est toute mon enuie,
Et i'y sacrifirois & mon Sang, & ma Vie.

ALCESTE.

Puissiez-vous, pour goûter de vrais contentemens,
L'vn pour l'autre, à iamais, garder ces Sentimens.
Trahy de toutes parts, accablé d'Injustices,
Ie vais sortir d'vn Goufre où triomphent les Vices;
Et chercher sur la Terre, vn endroit écarté,
Où d'estre Homme d'honneur, on ait la liberté.

PHILINTE.

Allons, Madame, allons employer toute chose,
Pour rompre le Dessein que son Cœur se propose.

FIN.

LE MEDECIN MALGRE' LUY

COMEDIE.

Par I. B. P. MOLIERE.

A PARIS,
Chez CLAUDE BARBIN, au Palais, sur le second Perron de la sainte Chapelle.

M. DC. LXXIV.

AVEC PRIVILEGE DU ROY.

EXTRAIT DU PRIVILEGE du Roy.

PAR Grace & Privilege du Roy, donné à S. Germain en Laye le 18. jour de Mars 1671. Signé, Par le Roy en ſon Conſeil, D'ALENCE' : Il eſt permis à I. B. P. DE MOLIERE, l'un de nos Comediens, de faire réimprimer, vendre & debiter toutes les Pieces de Theatre par lui composées juſques à preſent, leſquelles ont eſté repreſentées, & ce conjointement ou ſeparément, en un ou pluſieurs Volumes, en telle marge & caractere, & autant de fois que bon luy ſemblera, par tel Imprimeur ou Libraire qu'il voudra choiſir, pendant le temps de neuf années accomplies, à compter du jour que chaque Piece ou Volume ſera achevé d'imprimer pour la premiere fois, en vertu des Preſentes : Et défenſes ſont faites à toutes Perſonnes, de quelque qualité & conditiõ qu'elles ſoient, d'en faire imprimer, vendre, ni debiter d'autre Edition que de celle de l'Expoſant, ou de ceux qui auront droit de luy, à peine de dix mille livres d'amende, payable sans deport par chacun des contrevenans, confiscation des Exemplaires contrefaits, & de tous dépens, dommages & interests : Outre les susdites peines, tous Libraires, Imprimeurs, & Relieurs, qui se trouveront saisis d'aucuns Exemplaires contrefaits, seront privez & sequestrez du Corps de la Librairie, sans pouvoir à l'avenir s'en mesler en aucune maniere, ainsi qu'il est porte par lesdites Lettres de Privilege.

ET AU DOS EST ECRIT.

L'an mil six cens soixante & onze, le 14. jour d'Aoust, à la requeste de I. B. P. de Moliere ; Nous Huissier ordinaire du Roy en ses Conseils, sous-signé, continuant la requisition d'enregistrer le Privilege cy-dessus, a esté signifié aux fins y contenuës, & baillé copie, & fait les défenses y portées sur lesdites peines, à la Communauté des Marchands Libraires de cette Ville de Paris, au domicile de M. Sevestre Syndic de ladite Communauté, tant pour luy que pour les autres Syndics desdits Marchands Libraires, en parlant à sa personne en cette Ville de Paris, à ce qu'ils ayent preſentement à faire l'enregiſtrement dudit Privilege ; ſinon & à faute de ce faire, que la preſente Signification vaudra Enregiſtrement, à ce que tant luy que ladite Communauté des Marchands Libraires n'en ignorent. Signé, OLIVIER.

Ledit Sieur Moliere a cedé ſon droit de Privilege à Anne David, Femme de Jean Ribou, ainſi qu'il apert par ſa Ceſſion ; & ladite David a cedé du droit de Privilege des Oeuvres dudit Sieur Moliere à Claude Barbin, ſuivant l'accord fait entr'eux.

Achevé d'imprimer pour la premiere fois en vertu des Preſentes, le 21. Mars 1673.

ACTEURS.

SGANARELLE, Mary de Martine.

MARTINE, Femme de Sganarelle.

M. ROBERT, Voisin de Sganarelle.

VALERE, Domestique de Geronte.

LUCAS, Mary de Jacqueline.

GERONTE, Pere de Lucinde.

JACQUELINE, Nourrice chez Geronte, & Femme de Lucas.

LUCINDE, Fille de Geronte.

LEANDRE, Amant de Lucinde.

THIBAUT, Pere de Perrin.

PERRIN, Fils de Thibaut, Païsan.

LE

LE MEDECIN MALGRE' LUY, *COMEDIE.*

ACTE PREMIER.

SCENE PREMIERE.

SGANARELLE, MARTINE, *en se querellant.*

SGANARELLE.

NON, je te dis que je n'en veux rien faire, & que c'est à moy de parler, & d'estre le Maistre.

MARTINE.

Et je te dis, moi, que je veux que tu vives à ma fantaisie, & que je ne me suis point mariée avec toi pour souffrir tes fredaines.

SGANARELLE.

O la grande fatigue que d'avoir une Femme ! & qu'Aristote a bien raison, quand il dit qu'une Femme est pire qu'un Démon !

MARTINE.

Voyez un peu l'habile Homme, avec son benest d'Aristote.

SGANARELLE.

Ouï habile Homme. Trouve moi un faiseur de Fagots qui sçache, comme moi, raisonner des choses; qui ait servi six ans un fameux Medecin; & qui ait sçeu dans son jeune âge son Rudiment par cœur.

MARTINE.

Peste du Fou fieffé.

SGANARELLE.

Peste de la Carogne.

MARTINE.

Que maudite soit l'heure & le jour, où je m'avisay d'aller dire ouy !

SGANARELLE.

Que maudit soit le Bec-cornu de Notaire qui me fit signer ma ruine !

MARTINE.

C'est bien à toy, vrayment, à te plaindre de cette affaire. Devrois-tu estre un seul moment sans rendre graces au Ciel de m'avoir pour ta Femme ? & meritois-tu d'épouser une Personne comme moi ?

SGANARELLE.

Il est vray que tu me fis trop d'honneur, & que j'eus lieu de me loüer la premiere nuit de nos Nopces. Hé, morbleu, ne me fais point parler là-dessus, je dirois de certaines choses....

MARTINE.

Quoy, que dirois-tu?

SGANARELLE.

Baste. Laissons-là ce Chapitre, il suffit que nous sçavons ce que nous sçavons, & que tu fus bien-heureuse de me trouver.

MARTINE.

Qu'appelles-tu bien-heureuse de te trouver? Un Homme qui me réduit à l'Hospital, un Débauché, un Traistre qui me mange tout ce que j'ay.

SGANARELLE.

Tu as menti, j'en boy une partie.

MARTINE.

Qui me vend, piece-à-piece, tout ce qui est dans le Logis.

SGANARELLE.

C'est vivre de Ménage.

MARTINE.

Qui m'a osté jusqu'au Lit que j'avois.

SGANARELLE.

Tu t'en leveras plus matin.

MARTINE.

Enfin, qui ne laisse aucun Meuble dans toute la Maison.

SGANARELLE.

On en déménage plus aisément.

MARTINE.

Et qui du matin jusqu'au soir ne fait que joüer & que boire.

SGANARELLE.

C'est pour ne me point ennuyer.

MARTINE.

Et que veux-tu, pendant ce temps, que je fasse avec ma Famille ?

SGANARELLE.

Tout ce qu'il te plaira.

MARTINE.

J'ay quatre pauvres petits Enfans sur les bras.

SGANARELLE.

Mets-les à terre.

MARTINE.

Qui me demandent à toute heure du pain.

SGANARELLE.

Donne-leur le foüet. Quand j'ay bien bû & bien mangé, je veux que tout le monde soit saoul dans ma Maison.

MARTINE.

Et tu pretens, Yvrogne, que les choses aillent toûjours de mesme ?

SGANARELLE.

Ma Femme, allons tout doucement, s'il vous plaist.

MARTINE.

Que j'endure éternellement tes insolences & tes débauches ?

SGAANRELLE.

Ne nous emportons point, ma Femme.

MARTINE.

Et que je ne sçache pas trouver le moien de te ranger à ton devoir ?

SGANARELLE.

Ma femme, vous sçavez que je n'ay pas l'ame endurante, & que j'ay le bras assez bon.

MARTINE.

Je me moque de tes menaces.

SGANARELLE.

Ma petite Femme, ma mie, vostre peau vous demange, à vostre ordinaire.

MARTINE.

Je te montreray bien que je ne te crains nullement.

SGANARELLE.

Ma chere Moitié, vous avez envie de me dérober quelque chose.

MARTINE.

Crois-tu que je m'épouvante de tes paroles ?

SGANARELLE.

Doux Objet de mes vœux, je vous froteray les oreilles.

MARTINE.

Yvrogne que tu es.

SGANARELLE.

Je vous battray.

MARTINE.

Sac à-vin.

SGANARELLE.

Je vous rosseray.

MARTINE.

Infâme.

SGANARELLE.

Je vous étrilleray.

MARTINE.

Traistre, Insolent, Trompeur, Lâche, Coquin, Pendart, Gueux, Belistre, Fripon, Maraut, Voleur....

SGANARELLE *prend un Baston, & lui en donne.*

Ah, vous en voulez donc?

MARTINE.

Ah, ah, ah, ah.

SGANARELLE.

Voila le vray moyen de vous appaiser.

SCENE II.

MONSIEUR ROBERT, SGANARELLE, MARTINE.

M. ROBERT.

HOla, hola, hola; Fy. Qu'est-ce-cy? Quelle infamie! Peste soit le Coquin, de battre ainsi sa Femme.

MARTINE *les mains sur les costez lui parle en le faisant reculer, & à la fin lui donne un soufflet.*

Et je veux qu'il me batte, moy.

M. ROBERT.

Ah, j'y consens de tout mon cœur.

MARTINE.

Dequoy vous meslez-vous?

M. ROBERT.

J'ay tort.

MARTINE.

Est-ce là vostre affaire?

M. ROBERT.

Vous avez raison.

MARTINE.

Voyez un peu cet Impertinent, qui veut

empescher les Marys de battre leurs Femmes.

M. ROBERT.

Je me retracte.

MARTINE.

Qu'avez-vous à voir là-dessus ?

M. ROBERT.

Rien.

MARTINE.

Est-ce à vous d'y mettre le nez ?

M. ROBERT.

Non.

MARTINE.

Meslez-vous de vos affaires.

M. ROBERT.

Je ne dis plus mot.

MARTINE.

Il me plaist d'estre battuë.

M. ROBERT.

D'accord.

MARTINE.

Ce n'est pas à vos despens.

M. ROBERT.

Il est vray.

MARTINE.

Et vous estes un Sot, de venir vous fourrer où vous n'avez que faire.

M. ROBERT *passe en suite vers le Mary, qui pareillement lui parle toûjours en le faisant reculer, le frappe avec le mesme Baston, le met en fuite, & dit à la fin.*

Compere, je vous demande pardon de tout mon cœur. Faites, rossez, battez comme il faut vostre Femme ; je vous aideray si vous le voulez.

SGANARELLE.

Il ne me plaist pas, moy.

M. ROBERT.

Ah, c'est une autre chose !

SGANARELLE.

Je la veux battre, si je le veux ; & ne la veux pas battre si je ne le veux pas.

M. ROBERT.

Fort bien.

SGANARELLE.

C'est ma Femme, & non pas la vostre.

M. ROBERT.

Sans doute.

SGANARELLE.

Vous n'avez rien à me commander.

M. ROBERT.

D'accord.

SGANARELLE.

Je n'ay que faire de vostre aide.

M. ROBERT.

Tres-volontiers.

SGANARELLE.

Et vous estes un Impertinent, de vous ingerer des affaires d'autruy. Apprenez que Ciceron dit qu'entre l'arbre & le doigt il ne faut point mettre l'écorce. *En suite il revient vers sa Femme, & lui dit en lui pressant la main.* O çà, faisons la paix nous deux. Touche-là.

MARTINE.

Oüy, aprés m'avoir ainsi battuë ?

SGANARELLE.

Cela n'est rien. Touche

MARTINE.

Je ne veux pas.

SGANARELLE.

Eh!

MARTINE.

Non.

SGANARELLE.

Ma petite Femme.

MARTINE.

Point.

SGANARELLE.

Allons, te dis-je.

MARTINE.

Je n'en feray rien.

SGANARELLE.

Vien, vien, vien.

MARTINE.

Non, je veux estre en colere.

SGANARELLE.

Fy, c'est une bagatelle; allons, allons.

MARTINE.

Laisse-moy là.

SGANARELLE.

Touche, te dis-je.

MARTINE.

Tu m'as trop mal traitée.

SGANARELLE.

Et bien va, je te demande pardon, mets-là ta main.

MARTINE *bas.*

Je te pardonne, mais tu le payeras.

SGANARELLE.

Tu es une Folle de prendre garde à cela ; Ce sont petites choses qui sont de temps en temps necessaires dans l'amitié, & cinq ou six coups de baston entre gens qui s'aiment, ne font que ragaillardir l'affection. Va, je m'en vais au Bois, & je te promets aujourd'huy plus d'un cent de Fagots.

SCENE III.

MARTINE *seule.*

VA, quelque mine que je fasse, je n'oubliray pas mon ressentiment, & je brûle en moy-mesme de trouver les moyens de te punir des coups que tu me donnes. Je sçay bien qu'une Femme a toûjours dans les mains dequoy se vanger d'un Mary ; mais c'est une punition trop délicate pour mon Pendart : Je veux une vangeance qui se fasse un peu mieux sentir, & ce n'est pas contentement pour l'injure que j'ay receuë.

SCENE IV.

VALERE, LUCAS, MARTINE.

LUCAS.

PArguenne j'avons pris là tous deux une guéble de commission ; & je ne sçay pas, moy, ce que je pensons attraper.

VALERE.

Que veux-tu, mon pauvre Nourricier ? il faut bien obeïr à nostre Maistre ; & puis nous avons interest, l'un & l'autre, à la santé de sa Fille, nostre Maistresse, & sans doute son Mariage differé par sa Maladie nous vaudra quelque récompense. Horace qui est liberal, a bonne part aux pretentions qu'on peut avoir sur sa Personne ; & quoi qu'elle ait fait voir de l'amitié pour un certain Leandre, tu sçais bien que son Pere n'a jamais voulu consentir à le recevoir pour son Gendre.

MARTINE *révant à part-elle.*

Ne puis-je point trouver quelque invention pour me vanger ?

LUCAS.

Mais quelle fantaisie s'est-il bouté là dans la teste, puis que les Medecins y avont tous perdu leur Latin ?

VALERE.

On trouve quelquefois à force de chercher,

ce qu'on ne trouve pas d'abord ; & souvent en de simples lieux...

MARTINE.

Oüy, il faut que je m'en vange à quelque prix que ce soit ; Ces coups de baston me reviennent au cœur, je ne les sçaurois digerer, &.... *Elle dit cecy en révant, de sorte que ne prenant pas garde à ces deux Hommes, elle les heurte en se retournant, & leur dit* : Ah ! Messieurs, je vous demande pardon, je ne vous voyois pas, & cherchois dans ma teste quelque chose qui m'embarasse.

VALERE.

Chacun à ses soins dans le Monde ; & nous cherchons ce que nous voudrions bien trouver.

MARTINE.

Seroit-ce quelque chose où je vous puisse aider ?

VALERE.

Cela se pourroit faire ; & nous tâchons de rencontrer quelque habile Homme, quelque Medecin particulier qui pût donner quelque soulagement à la Fille de nostre Maistre, attaquée d'une Maladie qui lui a osté tout d'un coup l'usage de la langue. Plusieurs Medecins ont déja épuisé toute leur Science aprés elle ; mais on trouve par fois des Gens avec des Secrets admirables ; de certains Remedes particuliers, qui font le plus souvent ce que les autres n'ont sçeu faire, & c'est là ce que nous cherchons.

MARTINE *dit ces deux premieres lignes bas.*

Ah, que le Ciel m'inspire une admirable invention pour me vanger de mon Pendart ! *haut.* Vous ne pouviez jamais vous mieux adresser pour rencontrer ce que vous cherchez ; & nous avons un Homme, le plus merveilleux Homme du Monde, pour les Maladies desesperées.

VALERE.

Et de grace, où pouvons-nous le rencontrer ?

MARTINE.

Vous le trouverez maintenant vers ce petit lieu que voila, qui s'amuse à couper du Bois.

LUCAS.

Un Medecin qui coupe du Bois ?

VALERE.

Qui s'amuse à cüeillir des Simples, voulez-vous dire ?

MARTINE.

Non. C'est un Homme extraordinaire, qui se plaist à cela, fantasque, bizarre, quinteux, & que vous ne prendriez jamais pour ce qu'il est : Il va vestu d'une façon extravagante, affecte quelquesfois de paroistre ignorant, tient sa Science renfermée, & ne fuit rien tant tous les jours, que d'exercer les merveilleux talens qu'il a eus du Ciel pour la Medecine.

VALERE.

C'est une chose admirable, que tous les grands Hommes ont toûjours du caprice, quelque petit grain de folie meslé à leur Science.

MARTINE.

La folie de celui-cy est plus grande qu'on ne peut croire ; car elle va par fois jusqu'à vouloir estre battu pour demeurer d'accord de sa capacité, & je vous donne avis que vous n'en viendrez pas à bout ; qu'il n'avoüera jamais qu'il est Medecin, s'il se le met en fantaisie, que vous ne preniez chacun un baston, & ne le reduisiez à force de coups, à vous confesser à la fin, ce qu'il vous cachera d'abord : c'est ainsi que nous en usons quand nous avons besoin de lui.

VALERE.

Voila une étrange folie!

MARTINE.

Il est vray : mais aprés cela vous verrez qu'il fait des merveilles.

VALERE.

Comment s'appelle-t-il ?

MARTINE.

Il s'appelle Sganarelle ; mais il est aisé à connoistre. C'est un Homme qui a une large Barbe noire, & qui porte une Fraise, avec un Habit jaune & vert.

LUCAS.

Un Habit jaune & vart! C'est donc le Medecin des Paroquets.

VALERE.

Mais est-il bien vray qu'il soit si habile que vous le dites ?

MARTINE.

Comment! c'est un Homme qui fait des miracles. Il y a six mois qu'une Femme fut abandonnée de tous les autres Medecins : on la tenoit morte il y avoit déja six heures ; & l'on se disposoit à l'ensevelir, lors qu'on y fit venir de force l'Homme dont nous parlons. Il lui mit, l'ayant veuë, une petite goutte de je ne sçay quoy dans la bouche; & dans le mesme instant elle se leva de son Lit, & se mit aussi-tost à se promener dans sa Chambre, comme si de rien n'eust esté.

LUCAS.

Ah!

VALERE.

Il faloit que ce fust quelque goutte d'Or potable.

MARTINE.

Cela pourroit bien estre. Il n'y a pas trois semaines encore, qu'un jeune Enfant de douze ans tomba du haut du Clocher en bas, & se brisa sur le pavé la teste, les bras, & les jambes. On n'y eut pas plûtost amené nostre Homme, qu'il le frotta par tout le corps d'un certain Onguent qu'il sçait faire; & l'Enfant aussi-tost se leva sur ses pieds, & courut joüer à la fossette.

LUCAS.

Ah!

VALERE.

Il faut que cet Homme-là ait la Medecine Universelle.

MARTINE.

Qui en doute?

LUCAS.

Testigué, vela justement l'Homme qu'il nous faut: allons viste le charcher.

VALERE.

Nous vous remercions du plaisir que vous nous faites.

MARTINE.

Mais souvenez-vous bien au moins de l'avertissement que je vous ay donné.

LUCAS.

Eh morguenne, laissez-nous faire; s'il ne tient qu'à battre, la Vache est à nous.

VALERE.

Nous sommes bien-heureux d'avoir fait cette rencontre; & j'en conçois pour moy la meilleure esperance du monde.

SCENE V.

SGANARELLE, VALERE, LUCAS.

SGANARELLE *entre sur le Theatre en chantant & tenant une Bouteille.*

LA, la, la.

VALERE.

J'entens quelqu'un qui chante, & qui coupe du Bois.

SGANARELLE.

La, la, la... Ma foy, c'est assez travaillé pour boire un coup; prenons un peu d'haleine. *Il boit, & dit aprés avoir bû.* Voila du Bois qui est salé comme tous les Diables.

Qu'ils sont doux,
Bouteille jolie,
Qu'ils sont doux
Vos petits glou gloux!
Mais mon sort feroit bien des jaloux,
Si vous estiez toûjours remplie:
Ah! Bouteille ma mie,
Pourquoy vous vuidez-vous?

Allons,

Allons, morbleu, il ne faut point engendrer de mélancolie.

VALERE.

Le voila lui-mesme.

LUCAS.

Je pense que vous dites vray, & que j'avons bouté le nez dessus.

VALERE.

Voyons de prés.

SGANARELLE *les appercevant, les regarde en se tournant vers l'un, & puis vers l'autre; & abaissant sa voix, dit.*

Ah ma petite Fripone, que je t'aime, mon petit bouchon! *Mon sort.... feroit.... bien des... jaloux, Si....* Que Diable, à qui en veulent ces Gens-là?

VALERE.

C'est lui assurément.

LUCAS.

Le vela tout craché comme on nous l'a defiguré.

SGANARELLE *à part.*

Icy il pose la Bouteille à terre; & Valere se baissant pour le saluër, comme il croit que c'est à dessein de la prendre, il la met de l'autre costé: en suite dequoy, Lucas faisant la mesme chose, il la reprend, & la tient contre son estomach, avec divers gestes, qui font un grand jeu de Theatre.

Ils consultent en me regardant. Quel dessein auroient-ils?

VALERE.

Monsieur, n'est-ce pas vous qui vous appellez Sganarelle?

SGANARELLE.

Eh, quoy?

VALERE.

Je vous demande si ce n'est pas vous qui se nomme Sganarelle?

SGANARELLE *se tournant vers Valere, puis vers Lucas.*

Oüy, & non, selon ce que vous lui voulez.

VALERE.

Nous ne voulons que lui faire toutes les civilitez que nous pourrons.

SGANARELLE.

En ce cas, c'est moy qui se nomme Sganarelle.

VALERE.

Monsieur, nous sommes ravis de vous voir. On nous a adressez à vous pour ce que nous cherchons; & nous venons implorer vostre aide, dont nous avons besoin.

SGANARELLE.

Si c'est quelque chose, Messieurs, qui dépende de mon petit negoce, je suis tout prest à vous rendre service.

VALERE.

Monsieur, c'est trop de grace que vous nous faites: mais, Monsieur, couvrez-vous, s'il vous plaist, le Soleil pourroit vous incommoder.

LUCAS.

Monsieu, boutez dessus.

SGANARELLE *bas.*

Voicy des Gens bien pleins de cerémonie.

VALERE.

Monſieur, il ne faut pas trouver étrange que nous venions à vous : les habiles Gens ſont toûjours recherchez, & nous ſommes inſtruits de voſtre capacité.

SGANARELLE.

Il eſt vray, Meſſieurs, que je ſuis le premier Homme du Monde pour faire des Fagots.

VALERE.

Ah Monſieur....

SGANARELLE.

Je n'y épargne aucune choſe, & les fais d'une façon qu'il n'y a rien à dire.

VALERE.

Monſieur, ce n'eſt pas cela dont il eſt queſtion.

SGANARELLE.

Mais auſſi je les vens cent dix ſols le cent.

VALERE.

Ne parlons point de cela, s'il vous plaiſt.

SGANARELLE.

Je vous promets que je ne ſçaurois les donner à moins.

VALERE.

Monſieur, nous ſçavons les choſes.

SGANARELLE.

Si vous ſçavez les choſes, vous ſçavez que je les vens cela.

VALERE.

Monſieur, c'eſt ſe moquer, que....

SGANARELLE.

Je ne me moque point, je n'en puis rien rabattre.

VALERE.

Parlons d'autre façon, de grace.

SGANARELLE.

Vous en pourrez trouver autre-part à moins; il y a Fagots, & Fagots : Mais pour ceux que je fais.....

VALERE.

Eh, Monsieur, laissons-là ce discours.

SGANARELLE.

Je vous jure que vous ne les auriez pas, s'il s'en faloit un double.

VALERE.

Eh fy.

SGANARELLE.

Non, en conscience, vous en payerez cela. Je vous parle sincerement, & ne suis pas Homme à surfaire.

VALERE.

Faut-il, Monsieur, qu'une Personne comme vous s'amuse à ces grossieres feintes ? s'abaisse à parler de la sorte ? qu'un Homme si sçavant, un fameux Medecin comme vous estes, veüille se déguiser aux yeux du Monde, & tenir enterrez les beaux talens qu'il a ?

SGANARELLE *à part.*

Il est fou.

VALERE.

De grace, Monsieur, ne dissimulez point avec nous.

SGANARELLE.

Comment ?

LUCAS.

Tout ce tripotage ne sart de rian; je sçavons çen que je sçavons.

SGANARELLE.

Quoy donc ? que me voulez-vous dire ? Pour qui me prenez-vous ?

VALERE.

Pour ce que vous estes, pour un grand Medecin.

SGANARELLE.

Medecin vous-mesme ; je ne le suis point, & ne l'ay jamais esté.

VALERE. *bas.*

Voila sa folie qui le tient. *haut.* Monsieur, ne veüillez point nier les choses davantage ; & n'en venons point, s'il vous plaist, à de fâcheuses extrémitez.

SGANARELLE.

A quoy donc ?

VALERE.

A de certaines choses dont nous serions marris.

SGANARELLE.

Parbleu, venez-en à tout ce qu'il vous plaira ; je ne suis point Medecin, & ne sçay ce que vous me voulez dire.

VALERE. *bas.*

Je voy bien qu'il faut se servir du remede. *haut.* Monsieur, encor un coup, je vous prie d'avoüer ce que vous estes.

LUCAS.

Et testigué ne lantiponez point davantage, & confessez à la franquette que v'estes Medecin.

SGANARELLE.

J'enrage.

VALERE.

A quoy bon nier ce qu'on sçait ?

LUCAS.

Pourquoy toutes ces fraimes-là ? à quoy est-ce que ça vous sart ?

SGANARELLE.

Messieurs, en un mot, autant qu'en deux mille, je vous dis que je ne suis point Medecin.

VALERE.

Vous n'estes point Medecin ?

SGANARELLE.

Non.

LUCAS.

V'nestes pas Medecin ?

SGANARELLE.

Non, vous dis-je.

VALERE.

Puis que vous le voulez, il faut s'y résoudre.

Ils prennent un baston, & le frappent.

SGANARELLE.

Ah ! ah ! ah ! Messieurs, je suis tout ce qu'il vous plaira.

VALERE.

Pourquoy, Monsieur, nous obligez-vous à cette violence ?

LUCAS.

A quoy bon nous bailler la peine de vous battre ?

VALERE.

Je vous assure que j'en ay tous les regrets du monde.

LUCAS.

Par mafigué j'en sis fâché franchement.

SGANARELLE.

Que Diable est-ce-cy, Messieurs ? De grace, est-ce pour rire ; ou si tous deux vous extravaguez, de vouloir que je sois Medecin ?

VALERE.

Quoy, vous ne vous rendez pas encore, & vous vous défendez d'estre Medecin ?

SGANARELLE.

Diable emporte, si je le suis.

LUCAS.

Il n'est pas vray qu'ous sayez Medecin ?

SGANARELLE.

Non, la peste m'étouffe. *Là ils recommencent de le battre.* Ah, ah. Hé bien, Messieurs, ouy, puis que vous le voulez, je suis Medecin, je suis Medecin ; Apoticaire encor, si vous le trouvez bon. J'aime mieux consentir à tout, que de me faire assommer.

VALERE.

Ah voila qui va bien, Monsieur, je suis ravy de vous voir raisonnable.

LUCAS.

Vous me boutez la joye au cœur, quand je vous voy parler comme ça.

VALERE.

Je vous demande pardon de toute mon ame.

LUCAS.

Je vous demandons excuse de la libarté que j'avons prise.

SGANARELLE *à part.*

Oüais, seroit-ce bien moy qui me tromperois, & serois-je devenu Medecin sans m'en estre apperceu?

VALERE.

Monsieur, vous ne vous repentirez pas de nous montrer ce que vous estes; & vous verrez assurément que vous en serez satisfait.

SGANARELLE.

Mais, Messieurs, dites-moy, ne vous trompez-vous point vous-mesmes? Est-il bien assuré que je sois Medecin?

LUCAS.

Oüy par ma figué.

SGANARELLE.

Tout-de-bon?

VALERE.

Sans-doute.

SGANARELLE.

Diable emporte si je le sçavois.

VALERE.

Comment? Vous estes le plus habile Medecin du Monde.

SGANARELLE.

Ah! ah!

LUCAS.

Un Medecin qui a guary je ne sçay combien de Maladies.

SGANARELLE.

Tudieu!

VALERE.

Une Femme estoit tenuë pour morte il y avoit six heures; elle estoit preste à ensevelir, lors qu'avec une goutte de quelque chose vous la fistes revenir, & marcher d'abord par la Chambre.

SGANARELLE.

Peste !

LUCAS.

Un petit Enfant de douze ans se laissit choir du haut d'un Clocher, dequoy il eut la teste, les jambes, & les bras cassez ; & vous, avec je ne sçay quel Onguent, vous fistes qu'aussi-tost il se relevit sur ses pieds, & s'en fut joüer à la fossette.

SGANARELLE.

Diantre !

VALERE.

Enfin, Monsieur, vous aurez contentement avec nous ; & vous gagnerez ce que vous voudrez, en vous laissant conduire où nous pretendons vous mener.

SGANARELLE.

Je gagneray ce que je voudray ?

VALERE.

Oüy.

SGANARELLE.

Ah ! je suis Medecin sans contredit. Je l'avois oublié, mais je m'en ressouviens. Dequoy est-il question ? où faut-il se transporter ?

VALERE.

Nous vous conduirons. Il est question d'aller voir une Fille qui a perdu la parole.

SGANARELLE.

Ma foy je ne l'ay pas trouvée.

VALERE.

Il aime à rire. Allons, Monſieur.

SGANARELLE.

Sans une Robe de Medecin?

VALERE.

Nous en prendrons une.

SGANARELLE *preſentant ſa Bouteille à Valere.*

Tenez cela, vous. Voila où je mets mes Juleps. *Puis ſe tournant vers Lucas en crachant.* Vous, marchez là-deſſus, par Ordonnance du Medecin.

VALERE.

Palſanguenne, vela un Medecin qui me plaiſt; je penſe qu'il reüſſira, car il eſt bouffon.

Fin du premier Acte.

ACTE II.

SCENE PREMIERE.

GERONTE, VALERE, LUCAS, JACQUELINE.

VALERE.

OUY, Monsieur, je croy que vous serez satisfait; & nous vous avons amené le plus grand Medecin du Monde.

LUCAS.

Oh morguenne, il faut tirer l'échelle aprés cety-là; & tou les autres ne sont pas daignes de ly déchausser ses soüillez.

VALERE.

C'est un Homme qui a fait des Cures merveilleuses.

LUCAS.

Qui a gary des Gens qui estiant morts.

VALERE.

Il est un peu capricieux, comme je vous ay dit; & par fois il a des momens où son esprit s'échappe, & ne paroist pas ce qu'il est.

LUCAS.

Oüy, il aime à bouffonner, & l'an diroit par fois, ne v'sen déplaise, qu'il a quelque petit coup de hache à la teste.

VALERE.

Mais dans le fond il est toute Science ; & bien souvent il dit des choses tout-à-fait relevées.

LUCAS.

Quand il s'y boute, il parle tout fin drait comme s'il lisoit dans un Livre.

VALERE.

Sa réputation s'est déja répanduë icy ; & tout le monde vient à lui.

GERONTE.

Je meurs d'envie de le voir ; faites-le moy viste venir.

VALERE.

Je le vay querir.

JACQUELINE.

Par ma fy, Monsieu, cety-cy fera justement ce qu'ant fait les autres. Je pense que ce sera queussy queumy ; & la meilleure Medeçaine que l'an pourroit bailler à vostre Fille, ce seroit, selon moi, un biau & bon Mary pour qui elle eust de l'amiqué.

GERONTE.

Oüais, Nourrice, ma mie, vous vous meslez de bien des choses.

LUCAS.

Taisez-vous, nostre Ménagere Jaquelaine : ce n'est pas à vous à boutter là votte nez.

JACQUELINE.

Je vous dis & vous douze, que tous ces Medecins n'y feront rian que de liau claire ; que vostre Fille a besoin d'autre chose que de Ribarbe & de Sené, & qu'un Mary est un emplastre qui garit tous les maux des Filles.

GERONTE.

Est-elle en estat maintenant qu'on s'en voulust charger avec l'infirmité qu'elle a ? Et lors que j'ay esté dans le dessein de la marier, ne s'est-elle pas opposée à mes volontez ?

JACQUELINE.

Je le croy bian, vou ly voüilliez bailler eun Homme qu'alle n aime point. Que ne preniais vous ce Monsieu Liandre qui ly touchoit au cœur ? Alle auroit esté fort obeïssante ; & je m'en vas gager qu'il la prendroit ly, comme alle est, si vou la ly voüillais donner.

GERONTE.

Ce Leandre n'est pas ce qu'il lui faut ; il n'a pas du bien comme l'autre.

JACQUELINE.

Il a eun Oncle qui est si riche, dont il est heriquié ?

GERONTE.

Tous ces biens à venir me semblent autant de Chansons. Il n'est rien tel que ce qu'on tient ; & l'on court grand' risque de s'abuser, lors que l'on compte sur le bien qu'un autre vous garde. La mort n'a pas toûjours les oreilles ouvertes aux vœux & aux prieres de Messieurs les Heritiers ; & l'on a le temps d'avoir les dents longues, lors qu'on attend pour vivre le trépas de quelqu'un.

JACQUELINE.

Enfin j'ay toûjours oüy dire, qu'en Mariage, comme ailleurs, contentement passe richesse. Les Peres & les Meres ant cette maudite couteume, de demander toûjours qu'a-t-il & qu'a-t-elle ? & le Compere Piarre a marié sa Fille Simonette au gros Thomas pour un quarquié de Vaigne qu'il avoit davantage que le jeune Robin où alle avoit bouté son amiquié; & vela que la pauvre Creyature en est devenuë jaune comme eun Coin, & n'a point profité tout depuis ce temps-là. C'est un bel exemple pour vous, Monsieu ; on n'a que son plaisir en ce Monde ; & j'aimerois mieux bailler à ma Fille eun bon Mary qui ly fût agriable, que toutes les Rentes de la Biausse.

GERONTE.

Peste ! Madame la Nourrice, comme vous dégoisez ! Taisez-vous, je vous prie, vous prenez trop de soin, & vous échauffez vostre lait.

LUCAS *en disant cecy frappe sur la poitrine de Geronte.*

Morgué, tais-toy, t'es eune impartinante. Monsieu n'a que faire de tes discours, & il sçait ce qu'il a à faire. Messe-toy de donner à téter à ton Enfant, sans tant faire la raisonneuse. Monsieu est le Pere de sa Fille; & il est bon & sage, pour voir ce qu'il ly faut.

GERONTE.

Tout-doux; oh tout-doux.

LUCAS.

Monsieu, je veux un peu la mortifier, & ly

apprendre le respect qu'alle vous doit.

GERONTE.

Oüy, mais ces gestes ne sont pas necessaires.

SCENE II.

VALERE, SGANARELLE, GERONTE, LUCAS, JACQUELINE.

VALERE.

MOnsieur, preparez-vous, voici nôtre Medecin qui entre.

GERONTE.

Monsieur, je suis ravi de vous voir chez moi, & nous avons grand besoin de vous.

SGANARELLE *en Robe de Medecin, avec un Chapeau des plus pointus.*

Hippocrate dit . . . que nous nous couvrions tous deux.

GERONTE.

Hipocrate dit cela?

SGANARELLE.

Ouï.

GERONTE.

Dans quel Chapitre, s'il vous plaist?

SGANARELLE.

Dans son Chapitre des Chapeaux.

GERONTE.

Puis qu'Hipocrate le dit, il le faut faire.

SGANARELLE.

Monsieur le Medecin, ayant appris les merveilleuses choses ...

GERONTE.

A qui parlez-vous, de grace?

SGANARELLE.

A vous.

GERONTE.

Je ne suis pas Medecin.

SGANARELLE.

Vous n'estes pas Medecin?

GERONTE.

Non vrayment.

SGANARELLE *prend ici un Baston, & le bat comme on l'a battu.*

Tout-de-bon?

GERONTE.

Tout-de-bon. Ah, ah, ah.

SGANARELLE.

Vous estes Medecin maintenant; je n'ay jamais eu d'autres Licences.

GERONTE.

Quel diable d'homme m'avez-vous-là amené?

VALERE.

Je vous ay bien dit que c'estoit un Medecin goguenard.

GERONTE.

Oüi, mais je l'envoyerois promener avec ses goguenarderies.

LUCAS.

Ne prenez pas garde à ça, Monsieur, ce n'est que pour rire.

GERONTE.

GERONTE.

Cette raillerie ne me plaist pas.

SGANARELLE.

Monsieur, je vous demande pardon de la liberté que j'ay prise.

GERONTE.

Monsieur, je suis vostre serviteur.

SGANARELLE.

Je suis fâché...

GERONTE.

Cela n'est rien.

SGANARELLE.

Des coups de baston....

GERONTE.

Il n'y a pas de mal.

SGANARELLE.

Que j'ay eu l'honneur de vous donner.

GERONTE.

Ne parlons plus de cela. Monsieur, j'ay une Fille qui est tombée dans une étrange maladie.

SGANARELLE.

Je suis ravi, Monsieur, que vostre Fille ait besoin de moi; & je souhaiterois de tout mon cœur que vous en eussiez besoin aussi vous & toute vôtre Famille, pour vous témoigner l'envie que j'ay de vous servir.

GERONTE.

Je vous suis obligé de ces sentimens.

SGANARELLE.

Je vous assure que c'est du meilleur de mon ame que je vous parle.

GERONTE.

C'est trop d'honneur que vous me faites...

SGANARELLE.

Comment s'appelle vôtre Fille?

GERONTE.

Lucinde.

SGANARELLE.

Lucinde! ah beau nom à medicamenter! Lucinde!

GERONTE.

Je m'en vais voir un peu ce qu'elle fait.

SGANARELLE.

Qui est cette grande Femme-là?

GERONTE.

C'est la Nourrice d'un petit Enfant que j'ay.

SGANARELLE.

Peste! le joly meuble que voila. Ah Nourrice! charmante Nourrice, ma Medecine est la tres-humble Esclave de vôtre Nourricerie; & je voudrois bien estre le petit Poupon fortuné qui tetast le lait de vos bonnes graces. *Il luy porte la main sur le sein* Tous mes remedes, toute ma science, toute ma capacité est à vôtre service, & ....

LUCAS.

Avec votte parmission, Monsieu le Medecin, laissez-là ma Femme, je vous prie.

SGANARELLE.

Quoi, est-elle vôtre Femme?

LUCAS.

Oui.

SGANARELLE *fait semblant d'embrasser Lucas; & se tournant du coste de la Nourrice, il l'embrasse.*

Ah vrayment je ne sçavois pas cela; & je

m'en réjoüis pour l'amour de l'un & de l'autre.

LUCAS *en le tirant.*

Tout doucement, s'il vous plaist.

SGANARELLE.

Je vous assure que je suis ravi que vous soyez unis ensemble. *Il fait encor semblant d'embrasser Lucas ; & passant dessous ses bras, se jette au col de sa Femme.* Je la felicite d'avoir un Mary comme vous ; & je vous felicite vous, d'avoir une Femme si belle, si sage, & si bien faite comme elle est.

LUCAS *en le tirant encore.*

Eh testigué, point tant de complimens, je vous supplie.

SGANARELLE.

Ne voulez-vous pas que je me réjoüisse avec vous d'un si bel assemblage ?

LUCAS.

Avec moi, tant qu'il vous plaira ; mais avec ma Femme, treve de sarimonie.

SGANARELLE.

Je prens part également au bon-heur de tous deux. *Il continuë le mesme jeu.* Et si je vous embrasse pour vous en témoigner ma joye, je l'embrasse de mesme pour lui en témoigner aussi.

LUCAS *en le tirant derechef.*

Ah vartigué, Monsieu le Medecin, que de lantiponages !

SCENE III.

SGANARELLE, GERONTE, LUCAS, JACQUELINE.

GERONTE.

MOnsieur, voici tout-à-l'heure ma Fille qu'on va vous amener.

SGANARELLE.

Je l'attens, Monsieur, avec toute la Medecine.

GERONTE.

Où est elle?

SGANARELLE *se touchant le front.*

Là-dedans.

GERONTE.

Fort-bien.

SGANARELLE *en voulant toucher les tetons de la Nourrice.*

Mais comme je m'interesse à toute vôtre Famille, il faut que j'essaye un peu le lait de vôtre Nourrice, & que je visite son sein.

LUCAS *le tirant, & luy faisant faire la piroüette.*

Nanain, nanain, je n'avons que faire de ça.

SGANARELLE.

C'est l'Office du Medecin, de voir les tetons des Nourrices.

LUCAS.

Il gnia Office qui quienne, je sis votre sarviteur.

SGANARELLE.

As-tu bien la hardiesse de t'opposer au Medecin ? Hors de là:

LUCAS.

Je me moque de ça.

SGANARELLE *en le regardant de travers.*

Je te donneray la Fievre.

JACQUELINE *prenant Lucas par le bras, & luy faisant aussi faire la piroüette.*

Oste-toy de là aussi : Est-ce que je ne sis pas assez grande pour me défendre moi-mesme, s'il me fait quelque chose qui ne soit pas à faire ?

LUCAS.

Je ne veux pas qu'il te taste, moi.

SGANARELLE.

Fy le vilain, qui est jaloux de sa Femme.

GERONTE.

Voicy ma Fille.

SCENE IV.

LUCINDE, VALERE, GERONTE, LUCAS, SGANARELLE, JACQUELINE.

SGANARELLE.

Est-ce-là la Malade ?

GERONTE.

Ouï, je n'ay qu'elle de Fille ; & j'aurois tous les regrets du monde, si elle venoit à mourir.

SGANARELLE.

Qu'elle s'en garde bien ; il ne faut pas qu'elle meure sans l'Ordonnance du Medecin.

GERONTE.

Allons, un Siege.

SGANARELLE.

Voila une Malade qui n'est pas tant dégoûtante ; & je tiens qu'un Homme bien sain s'en accommoderoit assez.

GERONTE.

Vous l'avez fait rire, Monsieur.

SGANARELLE.

Tant-mieux ; lors que le Medecin fait rire le Malade, c'est le meilleur signe du monde. Hé bien, dequoi est-il question ? qu'avez-vous ? quel est le mal que vous sentez ?

LUCINDE *respond par signes, en portant sa main à sa bouche, à sa teste, & sous son menton.*

Han, hi, hon, han.

SGANARELLE.

Eh ! que dites-vous ?

LUCINDE *continuë les mesmes gestes.*

Han, hi, hon, han, han, hi, hon.

SGANARELLE.

Quoi ?

LUCINDE.

Han, hi, hon.

SGANARELLE *la contrefaisant.*

Han, hi, hon, han, ha. Je ne vous entens point. Quel diable de langage est-ce là ?

GERONTE.

Monsieur, c'est-là sa maladie : Elle est devenuë muette, sans que jusques ici on en ait pû sçavoir la cause ; & c'est un accident qui a fait reculer son Mariage.

SGANARELLE.

Et pourquoi ?

GERONTE.

Celui qu'elle doit épouser, veut attendre sa guerison, pour conclure les choses.

SGANARELLE.

Et qui est ce Sot-là, qui ne veut pas que sa Femme soit muette ? Plût à Dieu que la mienne eût cette maladie, je me garderois bien de la vouloir guerir.

GERONTE.

Enfin, Monsieur, nous vous prions d'employer tous vos soins, pour la soulager de son mal.

SGANARELLE.

Ah ne vous mettez pas en peine. Dites-moi un peu, ce mal l'oppresse-t-il beaucoup ?

GERONTE.

Ouï, Monsieur.

SGANARELLE.

Tant-mieux. Sent-elle de grandes douleurs?

GERONTE.

Fort grandes.

SGANARELLE.

C'est fort bien fait. Va-t-elle où vous sçavez?

GERONTE.

Ouï.

SGANARELLE.

Copieusement?

GERONTE.

Je n'entens rien à cela.

SGANARELLE.

La matiere est-elle loüable?

GERONTE.

Je ne me connois pas à ces choses.

SGANARELLE *se tournant vers la Malade.*

Donnez-moi vostre bras. Voila un pouls qui marque que vostre Fille est muette.

GERONTE.

Eh ouï, Monsieur, c'est là son mal; vous l'avez trouvé tout du premier coup.

SGANARELLE.

Ah, ah.

JACQUELINE.

Voyez comme il a deviné sa maladie.

SGANARELLE.

Nous autres grands Medecins, nous connoissons d'abord les choses. Un Ignorant auroit esté embarassé, & vous eust esté dire, c'est ceci, c'est

cela:

cela : mais moi, je touche au but du premier coup, & je vous apprens que vôtre Fille est muette.

GERONTE.

Ouï ; mais je voudrois bien que vous me pûssiez dire d'où cela vient.

SGANARELLE.

Il n'est rien de plus aisé. Cela vient de ce qu'elle a perdu la parole.

GERONTE.

Fort-bien : mais la cause, s'il vous plaist, qui fait qu'elle a perdu la parole ?

SGANARELLE.

Tous nos meilleurs Autheurs vous diront que c'est l'empeschement de l'action de sa langue.

GERONTE.

Mais encore, vos sentimens sur cet empeschement de l'action de sa langue ?

SGANARELLE.

Aristote là-dessus dit... de fort belles choses.

GERONTE.

Je le croy.

SGANARELLE.

Ah c'estoit un grand Homme !

GERONTE.

Sans-doute.

SGANARELLE *levant son bras depuis le coude.*

Grand Homme tout-à-fait : un Homme qui estoit plus grand que moi de tout cela. Pour revenir donc à nostre raisonnement : Je tiens que cet empeschement de l'action de sa langue est causé par de certaines humeurs qu'entre nous autres Sçavans nous appellons humeurs peccantes ; peccantes, c'est à dire .... humeurs peccantes ; dautant que les vapeurs formées par les exhalaisons des influences qui s'élevent dans la région des maladies, venant... pour ainsi dire..., à... Entendez-vous le Latin ?

GERONTE.

En aucune façon.

SGANARELLE *se levant avec etonnement.*

Vous n'entendez point le Latin!

GERONTE.

Non.

SGANARELLE *en faisant diverses plaisantes postures.*

Cabricias arci thuram, catalamus, singulariter, nominativo hæc Musa la Muse, Bonus, bona, bonum, Deus sanctus, est ne oratio Latinas? etiam, ouï ? quare, pourquoi ? quia substantivo, & adjectivum, concordat in generi, numerum, & casus.

GERONTE.

Ah que n'ay-je étudié!

JACQUELINE.

L'habile-Homme que vela!

LUCAS.

Ouï, ça est si biau, que je n'y entens goute.

SGANARELLE.

Or ces vapeurs dont je vous parle, venant à passer du costé gauche où est le foye, au costé droit où est le cœur, il se trouve que le poulmon que nous appellons en Latin, armyan, ayant communication avec le cerveau, que nous nommons en Grec, nasmus, par le moien de la veine cave, que nous appellons en Hebreu, cubile, rencontre en son chemin lesdites vapeurs qui remplissent les ventricules de l'omoplate: & parce que lesdites vapeurs ... comprenez bien ce raisonnement je vous prie; & parce que lesdites vapeurs ont une certaine malignité .... Ecoutez bien ceci, je vous conjure.

GERONTE.

Ouï.

SGANARELLE.

Ont une certaine malignité qui est causée ... Soyez attentif, s'il vous plaist.

GERONTE.

Je le suis.

SGANARELLE.

Qui est causée par l'acreté des humeurs engendrées dans la concavité du diaphragme, il arrive que ces vapeurs .... Ossabandus, nequeys, nequer, potarinum, quipsa milus Voila justement ce qui fait que vostre Fille est muette.

JACQUELINE.

Ah que ça est bian dit, notte Homme!

LUCAS.

Que n'ay-je la langue aussi bian penduë?

GERONTE.

On ne peut pas mieux raisonner sans-doute. Il n'y a qu'une seule chose qui m'a choqué; c'est l'endroit du foye & du cœur. Il me semble que vous les placez autrement qu'ils ne sont; que le cœur est du costé gauche, & le foye du costé droit.

SGANARELLE.

Ouï, cela estoit autrefois ainsi ; mais nous avons changé tout cela, & nous faisons maintenant la Medecine d'une methode toute nouvelle.

GERONTE.

C'est ce que je ne sçavois pas ; & je vous demande pardon de mon ignorance.

SGANARELLE.

Il n'y a point de mal ; & vous n'estes pas obligé d'estre aussi habile que nous.

GERONTE.

Assurément : mais, Monsieur, que croyez-vous qu'il faille faire à cette maladie ?

SGANARELLE.

Ce que je croy qu'il faille faire ?

GERONTE.

Ouï.

SGANARELLE.

Mon avis est qu'on la remette sur son lit ; & qu'on lui fasse prendre pour remede, quantité de Pain trempé dans du Vin.

GERONTE.

Pourquoi cela, Monsieur ?

SGANARELLE.

Parce qu'il y a dans le Vin & le Pain, meslez ensemble, une vertu simpathique qui fait parler. Ne voyez-vous pas bien qu'on ne donne autre chose aux Perroquets, & qu'ils apprennent à parler en mangeant de cela ?

GERONTE.

Cela est vray. Ah le grand Homme ! Viste, quantité de Pain & de Vin.

SGANARELLE.

Je reviendray voir sur le soir en quel estat elle sera. *A la Nourrice.* Doucement, vous. Monsieur' voila une Nourrice à laquelle il faut que je fasse quelque petits remedes.

JACQUELINE.

Qui, moi ? je me porte le mieux du Monde.

SGANARELLE.

Tant-pis, Nourrice, tant-pis. Cette grande santé est à craindre ; & il ne sera pas mauvais de vous faire quelque petite Saignée amiable, de vous donner quelque petit Clystere dulcifiant.

GERONTE.

Mais, Monsieur, voila une mode que je ne comprens point. Pourquoi s'aller faire saigner, quand on n'a point de maladie ?

SGANARELLE.

Il n'importe, la mode en est salutaire ; & comme on boit pour la soif à venir, il faut se faire aussi saigner pour la maladie à venir.

JACQUELINE *en se retirant.*

Ma fy ; je me moque de ça ; & je ne veux point faire de mon Corps une Boutique d'Apoticaire.

SGANARELLE.

Vous estes rétive aux Remedes ; mais nous sçaurons vous soûmettre à la raison. *Parlant à Geronte.* Je vous donne le bon-jour.

GERONTE.

Attendez un peu, s'il vous plaist.

SGANARELLE.

Que voulez-vous faire ?

GERONTE.

Vous donner de l'argent, Monsieur.

SGANARELLE *tendant sa main derriere par dessous sa Robe, tandis que Geronte ouvre sa Bourse.*

Je n'en prendray pas, Monsieur.

GERONTE.

Monsieur.

SGANARELLE.

Point du tout.

GERONTE.

Un petit moment.

SGANARELLE.

En aucune façon.

GERONTE.

De grace.

SGANARELLE.

Vous vous mocquez.

GERONTE.

Voila qui est fait.

SGANARELLE.

Je n'en feray rien.

GERONTE.

Eh!

SGANARELLE.

Ce n'est pas l'argent qui me fait agir.

GERONTE.

Je le croy.

SGANARELLE *apres avoir pris l'argent.*

Cela est-il de poids?

GERONTE.

Oüi, Monsieur.

SGANARELLE.

Je ne suis pas un Medecin mercenaire.

GERONTE.

Je le sçay bien.

SGANARELLE.

L'interest ne me gouverne point.

GERONTE.

Je n'ay pas cette pensée.

SCENE V.

SGANARELLE, LEANDRE.

SGANARELLE *regardant son argent.*

MA foi, cela ne va pas mal; & pourveu que....

LEANDRE.

Monsieur, il y a long-temps que je vous attens; & je viens implorer vôtre assistance.

SGANARELLE *luy prenant le poignet.*

Voila un pouls qui est fort mauvais.

LEANDRE.

Je ne suis point malade, Monsieur; & ce n'est pas pour cela que je viens à vous.

SGANARELLE.

Si vous n'estes pas malade, que diable ne le dites-vous donc?

LEANDRE.

Non. Pour vous dire la chose en deux mots, je m'appelle Leandre, qui suis amoureux de

Lucinde que vous venez de visiter : & comme par la mauvaise humeur de son Pere, toute sorte d'accés m'est fermé auprés d'elle, je me hazarde à vous prier de vouloir servir mon amour, & de me donner lieu d'executer un stratagême que j'ay trouvé ; pour lui pouvoir dire deux mots, d'où dépendent absolument mon bon-heur & ma vie.

SGANARELLE *paroissant en colere.*

Pour qui me prenez-vous ? Comment ? oser vous adresser à moi pour vous servir dans vôtre amour, & vouloir ravaler la dignité de Medecin à des emplois de cette nature ?

LEANDRE.

Monsieur, ne faites point de bruit.

SGANARELLE *en le faisant reculer.*

J'en veux faire moi, vous estes un Impertinent.

LEANDRE.

Eh ! Monsieur, doucement.

SGANARELLE.

Un Mal-avisé.

LEANDRE.

De grace.

SGANARELLE.

Je vous apprendray que je ne suis point Homme à cela ; & que c'est une insolence extréme ...

LEANDRE *tirant une Bourse qu'il luy donne.*

Monsieur.

SGANARELLE *tenant la Bourse.*

De vouloir m'employer .... Je ne parle pas pour vous ; car vous estes honneste Homme, &

Je ſerois ravi de vous rendre ſervice : Mais il y a de certains Impertinens au monde, qui viennent prendre les Gens pour ce qu'ils ne ſont pas; & je vous avouë que cela me met en colere.

LEANDRE.

Je vous demande pardon, Monſieur, de la liberté que....

SGANARELLE.

Vous vous mocquez. Dequoy eſt-il queſtion ?

LEANDRE.

Vous ſçaurez donc, Monſieur, que cette maladie que vous voulez guerir ; eſt une feinte maladie. Les Medecins ont raiſonné là-deſſus comme il faut ; & ils n'ont pas manqué de dire que cela procedoit, qui du cerveau, qui des entrailles, qui de la ratte, qui du foye : mais il eſt certain que l'amour en eſt la veritable cauſe, & que Lucinde n'a trouvé cette maladie que pour ſe délivrer d'un Mariage dont elle eſtoit importunée. Mais de crainte qu'on ne nous voye enſemble, retirons-nous d'ici; & je vous diray en marchant, ce que je ſouhaite de vous.

SGANARELLE.

Allons, Monſieur, vous m'avez donné pour vôtre amour une tendreſſe qui n'eſt pas concevable ; & j'y perdray toute ma Medecine, ou la Malade crévera, ou bien elle ſera à vous.

Fin du Second Acte.

ACTE III.

SCENE PREMIERE.

SGANARELLE, LEANDRE.

LEANDRE.

IL me semble que je ne suis pas mal ainsi pour un Apoticaire ; & comme le Pere ne m'a guere veu, ce changement d'habit & de perruque est assez capable, je croy, de me deguiser à ses yeux.

SGANARELLE.

Sans-doute.

LEANDRE.

Tout ce que je souhaiterois, seroit de sçavoir cinq ou six grands mots de Medecine, pour parer mon discours, & me donner l'air d'habile Homme.

SGANARELLE.

Allez, allez, tout cela n'est pas necessaire ; il suffit de l'habit, & je n'en sçais pas plus que vous.

LEANDRE.

Comment ?

SGANARELLE.

Diable emporte, si j'entens rien en Medecine. Vous estes honneste-Homme, & je veux bien me confier à vous, comme vous vous confiez à moi.

LEANDRE.

Quoi, vous n'estes pas effectivement ...

SGANARELLE.

Non, vous dy-je, ils m'ont fait Medecin malgré mes dents. Je ne m'estois jamais mêlé d'être si sçavant que cela ; & toutes mes études n'ont esté que jusqu'en Sixiéme. Je ne sçay point sur quoi cette imagination leur est venuë : mais quand j'ay veu qu'à toute force ils vouloient que je fusse Medecin, je me suis résolu de l'estre aux dépens de qui il appartiendra. Cependant vous ne sçauriez croire comment l'erreur s'est répanduë, & de quelle façon chacun est endiablé à me croire habile Homme. On me vient chercher de tous les costez ; & si les choses vont toûjours de mesme, je suis d'avis de m'en tenir toute ma vie à la Medecine. Je trouve que c'est le Mestier le meilleur de tous ; car soit qu'on fasse bien ou soit qu'on fasse mal, on est toûjours payé de même sorte. La méchante besogne ne retombe jamais sur nostre dos, & nous taillons comme il nous plaist sur l'étoffe où nous travaillons. Un Cordonnier en faisant des Souliers, ne sçauroit gaster un morceau de cuir, qu'il n'en paye les pots cassez : mais ici l'on peut gaster un Homme sans qu'il en couste rien. Les béveuës ne sont point pour nous ; & c'est toûjours la faute de celui qui meurt. Enfin le bon de cette Profession, est qu'il y a parmi les Morts une honnesteté, une discretion la plus grande du monde ; & jamais on n'en voit se plaindre du Medecin qui l'a tué.

LEANDRE.

Il est vray que les Morts sont fort honnestes-Gens sur cette matiere.

SGANARELLE *voyant des Hommes qui viennent à luy.*

Voila des Gens qui ont la mine de me venir consulter. Allez toûjours m'attendre auprès du Logis de vostre Maistresse.

SCENE II.

THIBAULT, PERRIN, SGANARELLE.

THIBAUT.

Monsieu, je venons vous charcher, mon Fils Perrin & moi.

SGANARELLE.

Qu'y a-t-il ?

THIBAUT.

Sa pauvre Mere, qui a nom Parette, est dans un Lit malade il y a six mois.

SGANARELLE *tendant la main comme pour recevoir de l'argent.*

Que voulez-vous que j'y fasse ?

THIBAUT.

Je voudrions, Monsieu, que vous nous baillissiez quelque petite drôlerie pour la garir.

SGANARELLE.

Il faut voir dequoi est-ce qu'elle est malade.

THIBAUT.

Alle est malade d'hypocrisie, Monsieu.

SGANARELLE.

D'hypocrisie ?

THIBAUT.

Ouï, c'est à dire qu'elle est enflée par tout, & l'an dit que c'est quantité de seriositez qu'alle a dans le Corps, & que son foye, son ventre, ou sa ratte, comme vous voudrais l'appeller, au glieu de faire du sang, ne fait plus que de liau. Alle a de deux jours l'un la fiévre quotiguenne, avec des lassitudes & des douleurs dans les mufles des jambes. On entend dans sa gorge des fleumes qui sont tout prests à l'étouffer; & par fois il lui prend des sincoles & des conversions, que je crayons qu'alle est passée. J'avons dans notte Village un Apoticaire, reverence parler, qui ly a donné je ne sçay combien d'histoires; & il m'en couste plus d'eune douzaine de bons écus en Lavemens ne vs'en déplaise, en Apostumes qu'on ly a fait prendre, en Infections de Jacinthe, & en Portions cordales. Mais tout-ça, comme dit l'autre, n'a esté que de l'Onguent miton-mitaine. Il veloit ly bailler d'eune certaine drogue que l'on appelle du Vin ametile; mais j'ay-s-eu peur franchement que ça l'envoyit à patres, & l'an dit que ces gros Medecins tuont je ne sçay combien de monde avec cette invention-là.

SGANARELLE *tendant toûjours la main.*

& la branlant comme pour signe qu'il demande de l'argent.

Venons au fait, mon Ami, venons au fait.

THIBAUT.

Le fait est, Monsieu, que je venons vous prier de nous dire ce qu'il faut que je fassions.

SGANARELLE.

Je ne vous entens point du tout.

PERRIN.

Monsieu, ma Mere est malade, & vela deux écus que je vous apportons pour nous bailler queuque Remede.

SGANARELLE.

Ah, je vous entens, vous. Voila un Garçon qui parle clairement, qui s'explique comme il faut. Vous dites que vostre Mere est malade d'hydropisie, qu'elle est enflée par tout le Corps, qu'elle a la fiévre, avec des douleurs dans les jambes, & qu'il lui prend par fois des syncopes, & des convulsions, c'est à dire des évanoüissemens.

PERRIN.

Eh oui, Monsieu, c'est justement çà.

SGANARELLE.

J'ay compris d'abord vos paroles. Vous avez un Pere qui ne sçait ce qu'il dit. Maintenant vous me demandez un Remede?

PERRIN.

Oui, Monsieu.

SGANARELLE.

Un Remede pour la guerir?

PERRIN.

C'est comme je l'entendons.

SGANARELLE.

Tenez, voila un morceau de Formage qu'il faut que vous lui fassiez prendre.

PERRIN.

Du Fromage, Monsieu ?

SGANARELLE.

Ouï, c'est un Formage preparé, où il y entre de l'or, du coral, & des perles, & quantité d'autres choses précieuses.

PERRIN.

Monsieu, je vous sommes bien obligez ; & j'allons ly faire prendre ça tout-à-l'heure.

SGANARELLE.

Allez. Si elle meurt, ne manquez pas de la faire enterrer du mieux que vous pourrez.

SCENE III.

JACQUELINE, SGANARELLE, LUCAS.

SGANARELLE.

Voici la belle Nourrice. Ah, Nourrice de mon cœur, je suis ravi de cette rencontre ; & vostre veuë est la Rhubarbe, la Casse, & le Sené, qui purgent toute la mélancolie de mon ame.

JACQUELINE.

Par ma figué, Monsieu le Medecin, ça est trop bian dit pour moi, & je n'entens rien à tout vôtre Latin.

SGANARELLE.

Devenez malade, Nourrice, je vous prie, devenez malade pour l'amour de moi. J'aurois toutes les joyes du monde de vous guerir.

JACQUELINE.

Je sis votte Sarvante, j'aime bian mieux qu'an ne me guarisse pas.

SGANARELLE.

Que je vous plains, belle Nourrice, d'avoir un Mari jaloux & fâcheux comme celui que vous avez !

JACQUELINE.

Que velez-vous, Monsieu, c'est pour la penitence de mes fautes; & là où la Chevre est liée, il faut bian qu'alle y broute.

SGANARELLE.

Comment, un Rustre comme cela ? Un Homme qui vous observe toûjours, & ne veut pas que personne vous parle !

JACQUELINE.

Helas ! vous n'avez rien veu encore; & ce n'est qu'un petit échantillon de sa mauvaise humeur.

SGANARELLE.

Est-il possible, & qu'un Homme ait l'ame assez basse pour mal-traiter une Personne comme vous ? Ah que j'en sçais, belle Nourrice, & qui ne sont pas loin d'icy, qui se tiendroient heureux de baiser seulement les petits bouts de vos petons ! Pourquoy faut-il qu'une Personne si bien faite, soit tombée en de telles mains ? & qu'un franc animal, un brutal, un stupide, un sot.... Pardonnez-moy, Nourrice, si je parle ainsi de vostre Mary.

JACQUE-

JACQUELINE.

Eh, Monsieu, je sçay bien qu'il merite tous ces noms-là.

SGANARELLE.

Oüy sans doute, Nourrice, il les merite, & il meriteroit encore que vous lui missiez quelque chose sur la teste, pour le punir des soupçons qu'il a.

JACQUELINE.

Il est bien vray que si je n'avois devant les yeux que son interest, il pourroit m'obliger à queuque étrange chose.

SGANARELLE.

Ma foy, vous ne feriez pas mal de vous vanger de lui avec quelqu'un. C'est un Homme, je vous le dy, qui merite bien cela; & si j'estois assez heureux, belle Nourrice, pour estre choisi pour.... *En cet endroit tous deux appercevant Lucas qui estoit derriere eux, & entendoit leur Dialogue, chacun se retire de son costé, mais le Medecin d'une maniere fort plaisante.*

SCENE IV.

GERONTE, LUCAS.

GERONTE.

HOla, Lucas, n'as-tu point veu icy nostre Medecin ?

LUCAS.

Et oüy de par tous les diantes, je l'ay veu, & ma Femme aussi.

GERONTE.

Où est-ce donc qu'il peut estre?

LUCAS.

Je ne sçay : mais je voudrois qu'il fut à tous les Guebles.

GERONTE.

Va-t-en voir un peu ce que fait ma Fille.

SCENE V.

SGANARELLE, LEANDRE, GERONTE.

GERONTE.

AH, Monsieur, je demandois où vous estiez.

SGANARELLE.

Je m'estois amusé dans vostre Court à expulser le superflu de la Boisson. Comment se porte la Malade ?

GERONTE.

Un peu plus mal, depuis vostre Remede.

SGANARELLE.

Tant-mieux. C'est signe qu'il opere.

GERONTE.

Oüy, mais en operant, je crains qu'il ne l'étouffe.

SGANARELLE.

Ne vous mettez pas en peine ; j'ay des Remedes qui se moquent de tout, & je l'attens à l'agonie.

GERONTE.

Qui est cet Homme-là que vous amenez ?

SGANARELLE *faisant des signes avec la main que c'est un Apoticaire.*

C'est...

GERONTE.

Quoy ?

SGANARELLE.

Celui...

GERONTE.

Eh !

SGANARELLE.

Qui...

GERONTE.

Je vous entens.

SGANARELLE.

Vostre Fille en aura besoin.

SCENE VI.

JACQUELINE, LUCINDE, GERONTE, LEANDRE, SGANARELLE.

JACQUELINE.

MOnsieu, vela vostre Fille qui veut un peu marché.

SGANARELLE.

Cela lui fera du bien. Allez-vous-en, Monsieur l'Apoticaire, taster un peu son pouls, afin que je raisonne tantost avec vous de sa maladie. *En cet endroit il tire Geronte à un bout du Theatre, & lui passant un bras sur les épaules, lui rabat la main sous le menton, avec laquelle il le fait retourner vers lui, lors qu'il veut regarder ce que sa Fille & l'Apoticaire font ensemble, lui tenant cependant le discours suivant pour l'amuser.* Monsieur, c'est une grande & subtile question entre les Docteurs, de sçavoir si les Femmes sont plus faciles à guerir que les Hommes. Je vous prie d'écouter cecy, s'il vous plaist. Les uns disent que non; les autres disent que oüy; & moy je dis que oüy, & non: dautant que l'incongruité des humeurs opaques qui se rencontrent au temperament naturel des Femmes, estant cause que la partie brutale veut toûjours prendre empire sur la sensitive, on voit que l'inégalité de leurs opinions dépend du mouvement oblique du cercle de la Lune ; & comme le Soleil qui darde ses rayons sur la concavité de la Terre, trouve...

LUCINDE.

Non, je ne suis point du tout capable de changer de sentimens.

GERONTE.

Voila ma Fille qui parle. O grande vertu du Remede ! ô admirable Medecin ! Que je vous suis obligé, Monsieur, de cette guerison merveilleuse ; & que puis-je faire pour vous aprés un tel service !

SGANARELLE *se promenant sur le Theatre, & s'essuyant le front.*

Voila une Maladie qui m'a bien donné de la peine !

LUCINDE.

Oüy, mon Pere, j'ay recouvré la parole ; mais je l'ay recouvrée pour vous dire, que je n'auray jamais d'autre Epous que Leandre, & que c'est inutilement que vous voulez me donner Horace.

GERONTE.

Mais....

LUCINDE.

Rien n'est capable d'ébranler la résolution que j'ay prise.

GERONTE.

Quoy....

LUCINDE.

Vous m'opposerez en vain de belles Raisons.

GERONTE.

Si....

LUCINDE.

Tous vos discours ne serviront de rien.

GERONTE.

Je....

LUCINDE.

C'est une chose où je suis déterminée.

GERONTE.

Mais....

LUCINDE.

Il n'est puissance Paternelle qui me puisse obliger à me marier malgré moy.

GERONTE.

J'ay....

LUCINDE.

Vous avez beau faire tous vos efforts.

GERONTE.

Il....

LUCINDE.

Mon cœur ne sçauroit se soûmettre à cette tyrannie.

GERONTE.

La....

LUCINDE.

Et je me jetteray plûtost dans un Convent, que d'épouser un Homme que je n'aime point.

GERONTE.

Mais....

LUCINDE *parlant d'un ton de voix à étourdir.*

Non. En aucune façon. Point d'affaire. Vous perdez le temps. Je n'en feray rien. Cela est résolu.

GERONTE.

Ah quelle impétuosité de paroles ! Il n'y a pas moyen d'y résister. Monsieur, je vous prie de la faire redevenir muette.

SGANARELLE.

C'est une chose qui m'est impossible. Tout ce que je puis faire pour vostre service, est de vous rendre sourd, si vous voulez.

GERONTE.

Je vous remercie. Penses-tu donc....

LUCINDE.

Non, toutes vos raisons ne gagneront rien sur mon ame.

GERONTE.

Tu épouseras Horace dés ce soir.

LUCINDE.

J'épouseray plûtost la Mort.

SGANARELLE.

Mon Dieu, arrestez-vous, laissez-moy médicamenter cette affaire C'est une maladie qui la tient ; & je sçais le remede qu'il y faut apporter.

GERONTE.

Seroit-il possible, Monsieur, que vous pussiez aussi guerir cette maladie d'esprit ?

SGANARELLE.

Oüy, laissez-moy faire, j'ay des Remedes pour tout ; & nostre Apoticaire nous servira pour cette Cure. *Il appelle l'Apoticaire, & lui parle.* Un mot. Vous voyez que l'ardeur qu'elle a pour ce Leandre, est tout-à-fait contraire aux volontez du Pere, qu'il n'y a point de temps à perdre, que les humeurs sont fort aigries, & qu'il est necessaire de trouver promptement un remede à ce mal qui pourroit empirer par le retardement. Pour moy je n'y en vois qu'un seul, qui est une prise de Fuite Purgative, que vous meslerez comme il faut avec deux drachmes de Matrimonium en Pilules. Peut-estre fera-t-elle quelque difficulté à prendre ce Remede : mais comme vous estes habile Homme dans vostre Mestier, c'est à vous de l'y résoudre, & de lui faire avaler la chose du mieux que vous pourrez. Allez-vous-en lui faire faire un petit tour de Jardin, afin de preparer les humeurs, tandis que j'entretiendray icy son Pere : mais sur tout ne perdez point de temps. Au Remede, viste, au Remede specifique.

SCENE VII.

GERONTE, SGANARELLE.

GERONTE.

Quelles Drogues, Monsieur, sont celles que vous venez de dire ? Il me semble que je ne les ay jamais oüy nommer.

SGANARELLE.

Ce sont Drogues dont on se sert dans les nécessitez urgentes.

GERONTE.

Avez-vous jamais veu une insolence pareille à la sienne ?

SGANA-

SGANARELLE.

Les Filles sont quelquesfois un peu testuës.

GERONTE.

Vous ne sçauriez croire comme elle est affolée de ce Leandre.

SGANARELLE.

La chaleur du sang fait cela dans les jeunes esprits.

GERONTE.

Pour moy, dés que j'ay eu découvert la violence de cet amour, j'ay sçeu tenir toûjours ma Fille renfermée.

SGANARELLE.

Vous avez fait sagement.

GERONTE.

Et j'ay bien empesché qu'ils n'ayent eu communication ensemble.

SGANARELLE.

Fort bien.

GERONTE.

Il seroit arrivé quelque folie, si j'avois souffert qu'ils se fussent veus.

SGANARELLE.

Sans doute.

GERONTE.

Et je croy qu'elle auroit esté Fille à s'en aller avec lui.

SGANARELLE.

C'est prudemment raisonné.

GERONTE.

On m'avertit qu'il fait tous ses efforts pour lui parler.

SGANARELLE.

Quel Drole !

GERONTE.

Mais il perdra son temps.

SGANARELLE.

Ah, ah.

GERONTE.

Et j'empescheray bien qu'il ne la voye.

SGANARELLE.

Il n'a pas affaire à un Sot, & vous sçavez des rubriques qu'il ne sçait pas. Plus fin que vous n'est pas beste.

SCENE VIII.

LUCAS, GERONTE, SGANARELLE.

LUCAS.

AH palsanguenne, Monsieu, vaicy bian du tintamarre ; votte Fille s'en est enfuye avec son Liandre. C'estoit lui qui estoit l'Apoticaire ; & vela Monsieu le Médecin qui a fait cette belle operation-là.

GERONTE.

Comment, m'assassiner de la façon ? Allons, un Commissaire, & qu'on empesche qu'il ne sorte. Ah Traistre, je vous feray punir par la Justice.

LUCAS.

Ah par ma fy, Monsieu le Medecin, vous serez pendu ; ne bougez de là seulement.

SCENE IX.

MARTINE, SGANARELLE, LUCAS.

MARTINE.

AH mon Dieu, que j'ay eu de peine à trouver ce Logis ! Dites-moy un peu des nouvelles du Medecin que je vous ay donné.

LUCAS.

Le vela qui va estre pendu.

MARTINE.

Quoy, mon Mary pendu ? Helas ! Et qu'a-t-il fait pour cela ?

LUCAS.

Il a fait enlever la Fille de notte Maistre.

MARTINE.

Helas ! mon cher Mary, est-il bien vray qu'on te va pendre ?

SGANARELLE.

Tu vois. Ah !

MARTINE.

Faut-il que tu te laisses mourir en presence de tant de Gens ?

SGANARELLE.

Que veux-tu que j'y fasse ?

MARTINE.

Encore si tu avois achevé de couper nostre Bois, je prendrois quelque consolation.

SGANARELLE.

Retire-toy de là, tu me fends le cœur.

MARTINE.

Non, je veux demeurer pour t'encourager à la mort ; & je ne te quitteray point, que je ne t'aye veu pendu.

SGANARELLE.

Ah !

SCENE X.

GERONTE, SGANARELLE, MARTINE, LUCAS.

GERONTE.

LE Commissaire viendra bien-tost, & l'on s'en va vous mettre en lieu où l'on me répondra de vous.

SGANARELLE *le chapeau à la main.*

Helas ! cela ne se peut-il point changer en quelques coups de baston ?

GERONTE.

Non, non, la Justice en ordonnera. Mais que vois-je ?

SCENE DERNIERE.

LEANDRE, LUCINDE, JACQUELINE, LUCAS, GERONTE, SGANARELLE, MARTINE.

LEANDRE.

Monſieur, je viens faire paroiſtre Leandre à vos yeux, & remettre Lucinde en voſtre pouvoir. Nous avons eu deſſein de prendre la fuite nous deux, & de nous aller marier enſemble : mais cette entrepriſe a fait place à un procedé plus honneſte. Je ne prétens point vous voler voſtre Fille, & ce n'eſt que de voſtre main que je veux la recevoir. Ce que je vous diray, Monſieur, c'eſt que je viens tout-à-l'heure de recevoir des Lettres par où j'apprens que mon Oncle eſt mort, & que je ſuis heritier de tous ſes biens.

GERONTE.

Monſieur, voſtre vertu m'eſt tout-à-fait conſidérable, & je vous donne ma Fille avec la plus grande joye du monde.

SGANARELLE.

La Medecine l'a échapé belle.

MARTINE.

Puis que tu ne ſeras point pendu, rens-moy grace d'eſtre Medecin, car c'eſt moy qui t'ay procuré cet honneur.

SGANARELLE.

Oüy, c'est toy qui m'as procuré je ne sçay combien de coups de baston.

LEANDRE.

L'effet en est trop beau, pour en garder du ressentiment.

SGANARELLE.

Soit, je te pardonne ces coups de baston, en faveur de la Dignité où tu m'as élevé : mais prepare-toy desormais à vivre dans un grand respect avec un Homme de ma consequence ; & songe que la colere d'un Medecin est plus à craindre qu'on ne peut croire.

FIN.